Os Impostos e o Estado de Direito

2017

Celso de Barros Correia Neto

ALMEDINA

OS IMPOSTOS E O ESTADO DE DIREITO

AUTOR: Celso de Barros Correia Neto
DIAGRAMAÇÃO: Almedina
DESIGN DE CAPA: FBA
ISBN: 978-858-49-3248-1

Dados Internacionais de Catalogação na Publicação (CIP)
(Câmara Brasileira do Livro, SP, Brasil)

Correia Neto, Celso de Barros
Os impostos e o Estado de Direito / Celso de
Barros Correia Neto. -- São Paulo : Almedina, 2017.

Bibliografia.
ISBN 978-85-8493-248-1

1. Direito constitucional tributário - Brasil
2. Direito fundamental - Brasil 3. Direitos
individuais 4. Direito tributário - Brasil
5. Estado de Direito 6. Impostos - Brasil
7. Meio ambiente - Impostos 8. Tributos - Brasil
I. Título.

17-09388 CDU-342.2:336.2.(81)

Índices para catálogo sistemático:

1. Brasil : Impostos : Estado de Direito : Direito constitucional tributário 342.2:336.2.(81)

Este livro segue as regras do novo Acordo Ortográfico da Língua Portuguesa (1990).

Outubro, 2017

EDITORA: Almedina Brasil
Rua José Maria Lisboa, 860, Conj.131 e 132, Jardim Paulista | 01423-001 São Paulo | Brasil
editora@almedina.com.br
www.almedina.com.br

Para Luciana.

É necessário ver a aplicação dos tributos; pedem--se em nome da Pátria, sejam para salvar a Pátria. Que o fisco venha tirar o pão das mãos necessitadas, para o esmigalhar ao vento do desperdício e da prodigalidade, isso não. Falam em repartição dos tributos; mais que na sua repartição, é necessário pensar na sua aplicação.

Eça de Queiroz. *Défice e Despesismo*. Distrito de Évora. 3 de março de 1867.

NOTA DO AUTOR

Há algo invejável na atividade dos engenheiros – a possibilidade de apontar uma casa, um edifício ou, enfim, alguma obra e dizer: "fui eu que fiz". É evidente que a frase encerra uma simplificação imodesta, porque, a rigor, nenhuma obra é produto de um homem só. Muitos a fizeram: pedreiros, arquitetos, mestres de obra e auxiliares de toda natureza. Diversas forças contribuíram para que aquela construção estivesse ali à vista de todos.

Mas não é exatamente isso o que está em questão. Falo da capacidade de mostrar a qualquer um o resultado do trabalho, o emprego da técnica, o desenvolvimento concreto de um projeto. A classe jurídica – e, de resto, boa parte dos que se dedicam às ditas "Ciências Sociais" – não conta com essa possibilidade. Do nosso trabalho não decorre algo realmente palpável, concreto. Edificamos apenas ideias, doutrinas, princípios – nada que se possa ver, medir ou tocar. É talvez por isso que escrevamos tanto e nos pese sempre a angústia de publicar, sobretudo, livros. A estrutura do livro, a sequência das páginas, a encadernação dão a consistência de uma obra. Tem-se, enfim, algo que se pode ver e tocar.

Os três tijolos que dão forma a este pequeno livro resultam de trabalhos anteriormente construídos – e publicados – na forma de artigos. Agora, revistos, reformados, atualizados e ampliados, foram reunidos para formar esta obra. O alicerce é a ideia de Estado de Direito, princípio estruturante do sistema jurídico como hoje o conhecemos. Interessa-nos o papel que o tributo desempenha nesse contexto e a maneira como tal noção fundamental – a de Estado de Direito – projeta efeitos na concepção, instituição, interpretação e administração dos tributos. Os três capítulos convergem para esta preocupação: perceber a atividade impositiva para além dos limites tradicionais do Direito Tributário, em suas relações essenciais com o poder estatal.

Daí já se vê que o título da obra traz uma evidente imprecisão. O livro não trata apenas de impostos, especificamente, mas dos tributos, como gênero. Isso, aliás, nota-se em cada um dos capítulos. A escolha, no entanto, justifica-se. Pareceu-nos conveniente tomar a parte pelo todo e fazer essa simplificação não só pelo destacado papel dos impostos no Estado Fiscal, mas também para aproximar a obra do uso mais popular do termo "imposto", que toma a palavra como sinônimo de "tributo". Afinal, o título do livro não é lugar para minúcias teóricas. Quer, antes, chamar a atenção do leitor.

A perspectiva da obra é eminentemente constitucional tanto pela escolha dos temas e pela forma de abordá-los quanto pelos precedentes citados e analisados no texto – praticamente todos do Supremo Tribunal Federal. O primeiro capítulo examina as diferentes relações entre os direitos fundamentais e a tributação em três sentidos: os direitos fundamentais como limites à cobrança de tributos, o tributo como meio de financiamento da efetivação dos direitos fundamentais e os direitos fundamentais como objetivos a serem atingidos por meio da legislação tributária. O segundo trata especificamente da tributação ambiental no Brasil e examina os principais instrumentos por meio dos quais o sistema tributário pode contribuir para a concretização do direito ao meio ambiente ecologicamente equilibrado. O terceiro capítulo discute o processo de interpretação/aplicação no Direito Tributário, especialmente os chamados "métodos de interpretação" e a maneira como se articulam os diversos argumentos no discurso jurídico-dogmático – literal, histórico, teleológico e sistemático.

Esperamos que a obra possa chamar atenção para a maneira como a tributação relaciona-se intimamente com diferentes aspectos do Poder Público, principalmente com aquilo que hoje se encontra no seu cerne: os direitos fundamentais, base do Estado de Direito. Há, na relação impositiva, muito mais do que apenas a cobrança do tributo. É do que trata este livro.

PREFÁCIO

Eis um trabalho instigante, interessante, em que, de forma surpreendente, consegue-se discorrer sobre complexas questões do Direito Constitucional Tributário de modo direto, honesto e, ao mesmo tempo, muito envolvente.

Na atividade docente, em algumas ocasiões, a confiança na juventude e no próprio ensino titubeiam... porém, em outras, como na leitura deste trabalho, tem-se a certeza de que os jovens discordam, desconstroem, repensam, criam e melhoram o Direito e o mundo.

Na presente obra, encontramos a coragem da juventude: coragem de abandonar os discursos pomposos e obtusos; coragem de tratar com simplicidade temas complexos e novos e de repensar teorias consolidadas pela repetição; coragem de se comunicar de forma transparente e honesta com o leitor; coragem de propor a reflexão crítica e de não apontar soluções tautológicas ou ingênuas.

Estamos diante, contudo, de um jovem amadurecido, pelo estudo diuturno do Direito, pelas importantes obras já publicadas, pela sua intensa autuação profissional. Não posso deixar de consignar que acompanho, com crescente admiração, há quase uma década o seu empenho e seriedade acadêmico-profissional.

O Autor não precisa mostrar eruditismo com desnecessárias citações, com termos pedantes, mas não deixa de se apoiar em denso supedâneo teórico. Além disso, para deleite do leitor, encontram-se, nos introitos de cada capítulo, excertos das obras de Eça de Queiroz, Norberto Bobbio, Edgardo de Castro Rebello, trazidos, de modo sagaz, para o contexto do Direito Constitucional Tributário.

O valor do obra se acentua porque o Autor abandona a zona de conforto, o lugar comum, os temas e abordagens repetitivos e avança em desvendar as fragilidades, as idiossincrasias, a disputa entre os poderes, a tensão entre Estado e contribuintes, permitindo ao leitor observar que não há altruísmo, mas permanente conflito de interesses e poderes.

Dessa forma, encontramos nesta obra o desenvolvimento de três temas: a relação entre os tributos e os direitos fundamentais; os instrumentos fiscais de proteção ambiental; os métodos de interpretação no Direito Tributário. Usando as expressões do Autor, esses temas estão dispostos em três capítulos, que são os "tijolos" que se encaixam, se completam e conformam esta importante obra, cujo ponto fulcral e convergente de disquisição é "a tributação para além dos limites tradicionais do Direito Tributário, em suas relações essenciais com o Poder estatal".

Em cada um dos capítulos, ficam patentes a formação e a experiência do Autor, ou seja: a profundidade teórica – certamente respaldada na sua atuação docente – combinada com uma visão pragmática – há interessantes casos em cada um dos capítulos, cuja seleção e abordagem decorrem da atuação profissional do Autor também no direito concreto.

No capítulo concernente à relação entre tributação e direitos fundamentais, o Autor se afasta da visão de simples conflito maniqueísta. Vislumbra e desenvolve o tema em três perspectivas: os direitos fundamentais como limites à cobrança de tributos; o tributo como meio de financiamento da efetivação dos direitos fundamentais; e os direitos fundamentais como objetivos a serem atingidos por meio da legislação tributária. Mostra, dessa forma, a tensão, mas indica também que é pela tributação que o Estado angaria os meios necessários para realizar seus objetivos em favor da sociedade, os quais devem coincidir com a consecução dos direitos fundamentais.

O segundo capítulo, é dedicado a um tema ainda incipiente no Brasil, seja na doutrina, seja na legislação: os instrumentos fiscais de proteção ambiental. Apresenta-se um interessante desenvolvimento teórico a partir da extrafiscalidade, examina-se a potencial utilização de alguns tributos para proteção ambiental, trata-se do ICMS ecológico, dos incentivos fiscais em matéria ambiental e também de algumas normas tributárias específicas que se propõem a incentivar a concretização do direito ao meio ambiente ecologicamente equilibrado.

No terceiro capítulo, o Autor trata do antigo, de tema já muito visitado pelos juristas, mas inova na abordagem e nas conclusões; ele cuida do processo de interpretação e aplicação no Direito Tributário, especialmente os chamados "métodos de interpretação" e a maneira como se articulam os diversos argumentos no discurso jurídico-dogmático – literal, histórico, teleológico e sistemático. As conclusões não são óbvias e nos permitem vislumbrar as relações entre o Direito e o poder estatal.

Assim, estamos diante de uma obra que revela tanto juventude, pelo frescor, pelos temas atuais e pela abordagem moderna, quanto maturidade, no descortinamento dos problemas e na análise crítica e realista.

É com grande prazer, portanto, que escrevo estas linhas de apresentação do novo livro deste jovem professor e jurista. Ao ler esta obra, certamente estamos conhecendo mais e conquistando uma nova perspectiva do Direito Constitucional Tributário brasileiro.

LIZIANE ANGELOTTI MEIRA
Auditora Fiscal da Receita Federal do Brasil, Professora da Pós-Graduação Stricto Sensu em Direito da Universidade Católica de Brasília

SUMÁRIO

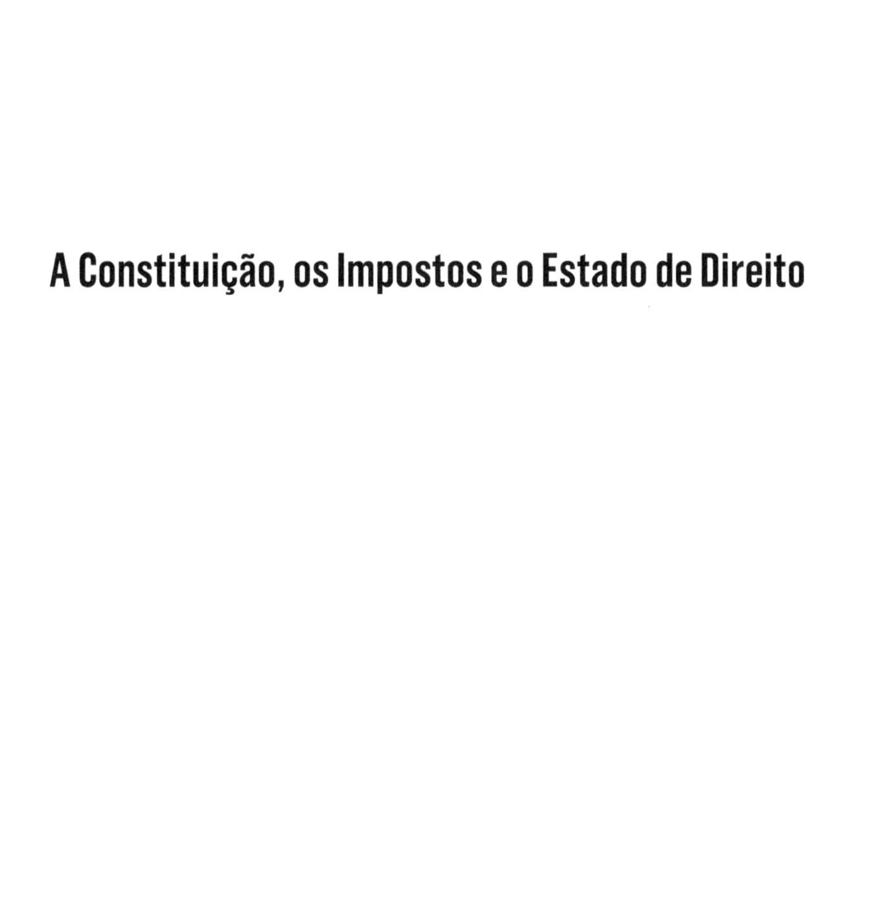

A Constituição, os Impostos e o Estado de Direito

In sede storica sostengo che l'affermazione dei diritti dell'uomo deriva da un rovesciamento radicale di prospettiva, caratteristico della formazione dello stato moderno, nella rappresentazione del rapporto politico, cioè nel rapporto stato-cittadini o sovrano-sudditi: rapporto che viene sempre più guardato dal punto di vista dei diritti dei cittadini non più sudditi, anziché dal punto di vista dei poteri del sovrano in corrispondenza alla visione individualistica della società, secondo cui per capire la società bisogna partire dal basso, cioè dagli individui che la compongono, in opposizione alla tradizionale concezione organica, secondo cui la società come un tutto viene prima degli individui.

Noberto Bobbio. *L'età dei diritti.*

Capítulo 1
Os Tributos e os Direitos Fundamentais

1. Introdução: as relações entre tributos e direitos fundamentais

Este capítulo analisa as diferentes interfaces que se estabelecem entre os tributos e os direitos fundamentais na ordem jurídica brasileira, tanto na formulação legislativa quanto na sua aplicação concreta em decisões judiciais.

Tomamos aqui "tributo" em sentido amplo para alcançar quaisquer normas jurídicas com conteúdo tributário. Interessa-nos a "legislação tributária", no alcance que a emprega o art. 96 do Código Tributário Nacional – "as leis, os tratados e as convenções internacionais, os decretos e as normas complementares que versem, no todo ou em parte, sobre tributos e relações jurídicas a eles pertinentes" –, bem como as próprias normas constitucionais que se referem à questão fiscal.

A análise destaca a maneira como a cultura dos direitos humanos afeta também o campo tributário e, progressivamente, desloca a atenção dos juristas das limitações à competência tributária para os direitos fundamentais do contribuinte. Não se trata apenas de fazer das vedações ao poder de tributar "direitos fundamentais do contribuinte". A relação entre os tributos e os direitos humanos é mais complexa. Inclui também outras formas de relacionamento, que tomam a norma tributária como meio de financiamento de políticas públicas ou mesmo como instrumento extrafiscal imediato para sua concretização.

Em todas elas, fica clara a centralidade do discurso dos direitos fundamentais, no contexto jurídico atual, e a maneira como influencia todos os segmentos do ordenamento jurídico, inclusive o tributário.

2. Das Limitações Constitucionais ao Poder de Tributar aos Direitos Fundamentais do Contribuinte

Todas as constituições brasileiras, desde a Constituição do Império, trouxeram limitações ao poder de tributar: disposições destinadas a demarcar as fronteiras da competência para cobrar tributos e regular seu exercício. Nessas limitações, compreendem-se as imunidades, que demarcam negativamente o espaço de competência impositiva, e os princípios, que, grosso modo, orientam a forma, o momento e a intensidade de seu exercício.

A origem desses limites, como bem destaca Aliomar Baleeiro, é anterior ao próprio Direito Tributário. Eram, de início, princípios formulados pela Ciência das Finanças para o bom funcionamento da tributação. Posteriormente, à medida que se incorporaram às constituições rígidas dos Estados democráticos, passaram a vigorar como limitações *jurídicas* ao poder tributário, tomado já não como mero poder de fato, mas como aptidão jurídica, competência legislativa.[1]

Mesmo a Constituição do Império de 1824, que não contava com um capítulo específico para o sistema tributário nacional, já previa no art. 15, X, as raízes da legalidade tributária, ao dispor que cabe à Assembleia-Geral "Fixar annualmente as despezas publicas, e repartir a contribuição directa". E estabelecia também as bases para o princípio da capacidade contributiva, no art. 179, XV: "Ninguem será exempto de contribuir pera as despezas do Estado em proporção dos seus haveres".

A partir da Constituição de 1967, o texto constitucional passa a contar com um capítulo especificamente dedicado ao "Sistema Tributário Nacional", nele se incluíam as normas atinentes à divisão de competências tributárias e também às vedações ao poder tributário. Na Constituição de 1967, esse capítulo vai do art. 18 ao 28; no texto alte-

[1] "Nos países de Constituição rígida e de controle judiciário das leis e atos administrativos os princípios que a Ciência das Finanças apurou em sua compósita formação política, moral, econômica ou técnica são integrados em regras estáveis e eficazes. Funcionam como *limitações ao poder de tributar.* Nenhuma Constituição excede a brasileira, a partir de 1946, pelo zelo com que reduziu a disposições jurídicas aqueles princípios tributários. Nenhuma outra contém tantas limitações expressas em matéria financeira." BALEEIRO, Aliomar. *Limitações constitucionais ao poder de tributar.* 7ª ed. Atual. por Misabel Abreu Machado Derzi. Rio de Janeiro: Forense, 2005.

rado pela Emenda Constitucional nº 1 de 1969, estende-se do art. 18 ao 26.[2]

É interessante anotar que, na Constituição de 1969 (EC 1, de 17 de outubro de 1969), os princípios tributários da legalidade e da anterioridade incluíam-se no capítulo dos "Direitos e Garantias Individuais" do Título da "Declaração de Direitos". Dispunha o art. 153, § 29:

> Nenhum tributo será exigido ou aumentado sem que a lei o estabeleça, nem cobrado, em cada exercício, sem que a lei o houver instituído ou aumentado esteja em vigor antes do início do exercício financeiro, ressalvados a tarifa alfandegária e a de transporte, o imposto sobre produtos industrializados e o imposto lançado por motivo de guerra e demais casos previstos nesta Constituição.

No texto da Constituição de 1988, legalidade tributária e anterioridade não constam expressamente do rol atual de direitos fundamentais do art. 5º. A Carta hoje vigente, no entanto, é particularmente detalhada em matéria tributária. Traz um capítulo dedicado ao "Sistema Tributário Nacional" (arts. 145 a 162), a partir do Título VI, "Da Tributação e do Orçamento" (arts. 145 a 169), dividido em seis seções, a segunda delas denominada "Das limitações ao poder de tributar" (arts. 150, 151 e 152), na qual se encontram as principais disposições que hoje servem de base para defesa do contribuinte.

Não há, na Constituição de 1988, referência textual à "direitos fundamentais dos contribuintes". A ausência, no entanto, não impediu que o tema ganhasse cada vez mais espaço no discurso jurídico contemporâneo, tanto na literatura jurídica quanto nas decisões judiciais. É comum que doutrina e jurisprudência afirmem direitos fundamentais do contribuinte, extraindo das tradicionais limitações constitucionais ao poder de tributar verdadeiros direitos subjetivos em favor do cidadão. A bem dizer, o rol desses direitos que compõem o Estatuto do Contribuinte,[3]

[2] A propósito do tema, ver: Valadão, Marcos Aurélio Pereira. *Limitações Constitucionais ao Poder de Tributar e Tratados Internacionais*. Belo Horizonte: Del Rey, 2000.

[3] "A expressão 'Estatuto do Contribuinte' denota um conjunto de normas que regula a relação entre o contribuinte e o entre tributante. Sua utilização possui conotação tanto *garantista* dos direitos do contribuinte como *limitativa* do poder de tributar". Ávila, Hum-

atualmente, só se amplia e ganha destaque no Direito Tributário brasileiro contemporâneo.

A tendência de aproximação entre estes dois discursos – o dos direitos fundamentais e o do Direito Tributário – é relativamente recente e parece encontrar sua razão de ser no protagonismo dos direitos humanos no contexto jurídico atual e na maneira como eles, em maior ou menor grau, irradiam seus efeitos por todo o ordenamento jurídico. De fato, como destaca Perez Luño, "o constitucionalismo atual não seria o que é sem os direitos fundamentais". Isso porque "as normas que sancionam o estatuto dos direitos fundamentais, junto àquelas que consagram a forma do Estado e as que estabelecem o sistema econômico, são decisivas para definir o modelo constitucional de sociedade".[4]

Ao influenciar o modo de interpretar e aplicar toda e qualquer norma jurídica, posicionando-se como conceito central do ordenamento jurídico, os direitos fundamentais operam verdadeiro deslocamento no Direito Público. Se antes se via o direito essencialmente a partir do Estado, com a sedimentação do discurso dos direitos fundamentais, agora muda-se o ponto de vista: tem-se o direito, seja ele público ou privado, pensado do ponto de vista do cidadão. E isso, decerto, traz consequências práticas que não podem ser desprezadas.

É claro que, exclusivamente do ponto de vista da lógica jurídica, a qualquer limitação à competência estatal ou dever imposto ao Poder Público corresponde um direito ao cidadão, como sua contraparte necessária. Em termos estritamente lógicos, direitos e deveres são dois lados da relação jurídica. Só há direito porque há dever, e vice-versa.[5] Afinal, o direito, como destaca Miguel Reale, marca-se pela nota

berto. Estatuto do Contribuinte: conteúdo e alcance. *Revista Eletrônica de Direito Administrativo Econômico* (REDAE), Salvador, Instituto Brasileiro de Direito Público, nº 12, novembro/dezembro/janeiro, 2008. Disponível em: <http://www.direitodoestado.com.br/redae.asp>. Acesso em: 27.6.2015. (Grifos originais).

[4] Perez Luño, Antonio E. *Los Derechos Fundamentales*. Madrid: Tecnos, 2007, p. 19.

[5] Daí afirmar Kelsen que certos direitos subjetivos não passam de "reflexos" de deveres jurídicos: "a afirmação de que alguém tem um direito (reflexo) a que um outro se conduza em face dele pela maneira devida não significa senão que este outro é obrigado a conduzir-se em face dele de determinada maneira. Quer isto dizer que o direito reflexo de um é idêntico ao dever do outro de se conduzir em face daquele de determinada maneira, que o

de bilateralidade atributiva.[6] No entanto, a questão aqui não é apenas de lógica. Diz respeito ao plano do discurso político. O que se põe em destaque é a mudança de perspectiva, a inversão de posições operada pela afirmação histórica dos direitos humanos.

A propósito, Noberto Bobbio, na conhecida obra "A Era dos Direitos",[7] destaca a maneira como, historicamente, "a afirmação dos direitos do homem deriva de uma inversão radical de perspectiva, característica da formação do Estado moderno, na representação da relação política, ou seja, a relação estado-cidadão ou soberano-súditos".[8] O indivíduo assume o protagonismo, de sorte que se passa a compreender a relação do ponto de vista do direito dos cidadãos, não mais dos poderes do soberano.

A mudança de perspectiva é também assinalada por Gilmar Mendes e Paulo Branco, que destacam a centralidade do conceito de direitos fundamentais na sociedade e no Estado contemporâneos, nos seguintes termos:

> Os direitos fundamentais assumem posição de definitivo realce na sociedade quando se inverte a tradicional relação entre Estado e indivíduo e se reconhece que o indivíduo tem, primeiro, direitos, e, depois, deveres perante o Estado, e que os direitos que o Estado tem em relação ao

conceito de direito reflexo é supérfluo. O direito reflexo é apenas o dever jurídico – visto da posição daquele em face do qual o dever há de ser cumprido. Por isso, não há qualquer relação entre um dever jurídico e o direito reflexo que lhe corresponde." KELSEN, Hans. *Teoria Pura do Direito.* São Paulo: Martins Fontes, 2003, p. 185.

[6] Afirma Miguel Reale: "A relação jurídica apresenta sempre a característica de unir duas pessoas entre si, em razão de algo que atribui às duas certo comportamento e certas exigibilidades. O enlace objetivo de conduta que constitui e delimita exigibilidades entre dois ou mais sujeitos, ambos integrados por algo que os supera, é o que chamamos bilateralidade atributiva." REALE, Miguel. *Filosofia do Direito.* São Paulo: Saraiva, 2002, p. 403. (Grifo original).

[7] BOBBIO, Noberto. *L'età dei diritti.* Torino: Einaudi, 1997.

[8] No original: "In sede storica sostengo che l'affermazione dei diritti dell'uomo deriva da un rovesciamento radicale di prospettiva, caratteristico della formazione dello stato moderno, nella rappresentazione del rapporto politico, cioè nel rapporto stato-cittadini o sovrano-sudditi". BOBBIO, Noberto. *L'età dei diritti.* Torino: Einaudi, 1997, p. XI.

indivíduo se ordenam ao objetivo de melhor cuidar das necessidades dos cidadãos.[9]

A tributação não fica de fora desse processo de mudança. No discurso tributário, também se nota certa alteração de enfoque, por exemplo, no uso cada vez mais frequente da expressão "direitos fundamentais dos contribuintes", em vez de "limitações constitucionais ao poder de tributar". Não se trata de mero jogo de palavras. A comparação entre as expressões registra uma mudança de perspectiva. Em lugar de se tomar a norma constitucional simplesmente do ponto de vista do Estado, representada como limite (ao poder de tributar), passa-se a enxergá-la da perspectiva do contribuinte, a quem confere direitos.

Não afirmarmos, é claro, que ambas as expressões – "limitações ao poder de tributar" e "direitos fundamentais do contribuinte" – tenham, rigorosamente, significado e alcance idênticos. Certamente não têm. Nem todas as limitações constitucionais ao poder de tributar têm como fundamento a proteção do contribuinte. A imunidade recíproca, por exemplo, está fundamentada no princípio federativo, não se destina propriamente ao cidadão-contribuinte.

Ademais, há direitos do contribuinte que resultam simplesmente da aplicação das disposições do art. 5º da Constituição em matéria fiscal, como direitos do cidadão-contribuinte – por exemplo, a inviolabilidade de domicílio (fiscal) –, e não decorrem das vedações do art. 150 do texto constitucional. Ou seja, não seriam, ao menos originariamente, limitações ao poder de tributar no sentido tradicional dessa expressão.

De toda sorte, ao compararmos as duas expressões – "limites" e "direitos" –, queremos destacar essa mudança de enfoque, que chama a atenção para a posição do contribuinte e sobretudo para a importância do respeito aos seus direitos e garantias individuais em matéria fiscal, como veremos a seguir.

[9] MENDES, Gilmar F.; BRANCO, Paulo Gustavo G. *Curso de Direito Constitucional.* 10ª ed. São Paulo: Saraiva, 2015, p. 136.

3. Direitos Fundamentais do Contribuinte

A mudança de enfoque e a ênfase no chamado "Estatuto do Contribuinte" não têm apenas valor simbólico. Trazem implicações essencialmente práticas, no plano da eficácia jurídica, e parecem ter relação estreita com a evolução operada no sistema tributário nas últimas décadas.

No caso do Brasil, é provável que, pelo menos, três razões tenham influenciado essa mudança de atitude: (1) o movimento de "publicização", de afirmação dos direitos fundamentais e de "constitucionalização" de todo o Direito e também do Direito Tributário; (2) o intento de renovação e reforço do discurso das limitações ao poder de tributar, em face do crescimento da carga tributária, especialmente a partir da década de 1990; e (3) as variadas mudanças operadas no texto constitucional em matéria tributária, que obrigaram os contribuintes a se utilizarem do único parâmetro material admissível para enfrentá-las: a violação a cláusulas pétreas, especialmente as do inciso IV, § 4º, do art. 60, da Constituição ("os direitos e garantias individuais").[10]

A atenção conferida às relações entre direitos fundamentais e legislação tributária ganha destaque no contexto de reafirmação do valor e da força das normas constitucionais que se opera no Brasil, mormente após a promulgação da Constituição Federal de 1988. Como é cediço, a constituinte de 1988 caracteriza-se como culminância do processo democrático, interrompido em 1964 e só retomado anos mais tarde, e pela reconstrução e expansão das garantias do cidadão, doravante assinalados como a pedra de toque não só do ordenamento constitucional como também de todo o sistema jurídico. Daí em diante, o desafio central do direito público está não mais propriamente na declaração dos direitos, mas em assegurar meios de lhes conferir efetividade.[11]

A ideia de "publicização" e constitucionalização a que nos referimos, obviamente, não se limita à positivação constitucional, isto é, à inserção no próprio texto da Constituição de novos direitos, novos programas e

[10] Cf. Branco, Paulo Gonet; Meira, Liziane Angelotti; Correia Neto, Celso de Barros. (Orgs.). *Tributação e Direitos Fundamentais – conforme a jurisprudência do STF e STJ*. São Paulo: Saraiva, 2012.

[11] A afirmação não é válida apenas para o cenário nacional, a propósito, ver: Bobbio, Norberto, *L'età dei diritti*, Torino: Einaudi, 1997, p. 258-259 *et passim*.

de outras funções para o Poder Público. Além disso, diz também com a atitude do intérprete/aplicador diante do texto constitucional, que procura conferir-lhe a máxima eficácia possível – inclusive por meio da intervenção do Poder Judiciário, quando preciso –, e com a influência que o texto constitucional irradia por todos os setores do ordenamento jurídico.

Nesse sentido, a aproximação entre o capítulo dos direitos fundamentais e o dos tributos é inevitável, tanto pelo fato de que a centralidade do discurso dos direitos humanos afeta todos os seguimentos do discurso jurídico quanto pelo ganho de eficácia que implica em relação às normas protetivas do contribuinte contra o fisco.

No plano do discurso político, o efeito de sentido que se obtém pelo uso da expressão "direitos fundamentais" ou "direitos humanos" não é idêntico ao que se observa no uso da expressão "limites", "limitações" ou "restrições" ao poder de tributar. Ainda que o fundamento constitucional possa ser exatamente o mesmo dispositivo, violar um "direito fundamental do contribuinte" apresenta-se como algo mais grave do que afrontar uma "limitação" à competência tributária.

Afora o aspecto retórico, a afirmação dos direitos e garantias individuais em matéria tributária implica reforçar as restrições impostas pelo constituinte ao legislador, no que se refere ao exercício da competência tributária. Sim, porque, além de destacar a posição do contribuinte, que faz jus a direito "reflexo", diante da norma de limitação ao poder tributário, a compreensão de tais direitos individuais como "fundamentais" confere-lhes outro *status* jurídico. Eleva à categoria de norma, hierárquica e axiologicamente, mais importante do ordenamento jurídico, protegida pelo manto da imutabilidade, nos termos do art. 60, §4º, IV: "Não será objeto de deliberação a proposta de emenda tendente a abolir: [...]IV – os direitos e garantias individuais". Há, portanto, também ganho em termos de eficácia jurídica na passagem das limitações ao poder de tributar aos direitos fundamentais do contribuinte.

Tal reforço de eficácia pareceu especialmente oportuno no correr das duas décadas que sucedem à promulgação da Constituição de 1988, período marcado pela majoração da carga fiscal, notadamente por meio dos tributos de destinação constitucional vinculada, as contribuições sociais. À medida que se elevaram os tributos cobrados e aperfeiçoaram-

-se os mecanismos de fiscalização, aumentaram também a resistência do contribuinte e o desejo de exonerar-se, no todo ou em parte, da carga fiscal que sobre si recaia. O incentivo ao uso de estratégias de planejamento tributário e o incremento do contencioso tributário se afiguram, por conseguinte, como consequências, até certo ponto, naturais da elevação da carga fiscal.

Além disso, há ainda outro aspecto a considerar. O incremento da carga fiscal, no Brasil, nos anos que se seguiram à promulgação da Constituição, demandou diversas reformas – ainda que parciais e insuficientes – no sistema tributário brasileiro. E muitas delas foram também reformas constitucionais, na medida em que não prescindiram de mudanças na própria Constituição Federal.[12] Por meio de alterações no texto constitucional, criaram-se novos tributos – como o Imposto Provisório sobre Movimentação Financeira (IPMF), pela Emenda Constitucional nº 3/1993, a Contribuição Provisória sobre Movimentação Financeira (CPMF), pela Emenda Constitucional nº 12/1996 e, anos mais tarde, a Contribuição para o Custeio do Serviço de Iluminação Pública (CONSIP), pela Emenda Constitucional nº 39/2002 –, bem como foram ampliadas competências tributárias já estabelecidas – como no caso da alteração procedida no art. 195 pela EC 20/1998, para o fim de ampliar a base de cálculo da contribuição para a seguridade social ali disciplinada.

Nesse quadro, a violação de cláusulas pétreas era o argumento – e o parâmetro – que restava ao contribuinte para questionar a validade das novas exações impostas com fundamento em emendas constitucionais. Pode-se dizer, então, que a elevação das limitações ao poder de tributar ao patamar de direitos fundamentais do contribuinte e, por conseguinte, de cláusulas pétreas na ordem constitucional de 1988, justificou-se mais por razões práticas do que por elucubrações teóricas. Ganhou espaço diante da urgência de se discutir a validade de normas introduzidas no sistema tributário nacional por força de emendas constitucionais.

[12] Vejam-se, por exemplo, as modificações realizadas no texto constitucional, no plano da tributação e na partilha de recursos arrecadados, por meio das Emendas Constitucionais nº 12/1996, 20/1998, 21/1999, 27/2000, 39/2002, 41/2003, 42/2003 e 44/2004.

O julgamento da Ação Direta de Inconstitucionalidade nº 939, na qual se contestava a validade do Imposto sobre Movimentações Financeiras (IPMF), acrescido pela EC nº 3/1993, é bastante ilustrativo a esse respeito. Oferece um importante exemplo de como os limites ao poder de tributar podem ser tomados como direitos individuais do contribuinte. A orientação firmada na decisão foi fundamental, na jurisprudência do STF, para afirmar esses direitos como cláusulas pétreas na ordem constitucional de 1988, como veremos a seguir.

4. Direitos do Contribuinte como Cláusulas Pétreas: ADI 939

O julgamento da ADI 939 merece lugar de destaque no contexto da jurisprudência do Supremo Tribunal Federal. Dizemos isso por, pelo menos, dois motivos. O primeiro é ter consolidado o entendimento da Corte quanto ao cabimento do controle jurisdicional de constitucionalidade em relação a emendas constitucionais. O segundo é ter estendido às limitações constitucionais ao poder de tributar o manto de imutabilidade (irredutibilidade), previsto no art. 60, § 4º, IV, da Constituição Federal de 1988.[13]

De certo modo, um e outro motivos estão entrelaçados. O parâmetro restrito de controle deve-se ao objeto: uma emenda à Constituição. Como se sabe, o art. 60 da Constituição Federal estabelece os requisitos para que se possa alterar o texto constitucional e ressalva que não será objeto de deliberação a proposta de emenda tendente a abolir: (I) a forma federativa de Estado; (II) o voto direto, secreto, universal e periódico; (III) a separação dos Poderes; e (IV) os direitos e

[13] É importante chamar atenção para as relações entre a política fiscal e o desenho institucional do modelo de controle de constitucionalidade hoje vigente. Em grande medida, pode-se dizer que o próprio redesenho institucional do controle abstrato, nos anos que se seguiram à promulgação da Carta de 1988, tem relação direta com a necessidade de conferir certeza e segurança ao controle judicial da política fiscal do Governo Federal. Afirma, a propósito, Rafael Thomaz Favetti: "A criação da ADC pela EC nº 3, que nada tinha a ver com o controle de constitucionalidade, explica-se pela urgência em criar um mecanismo para reduzir os custos transacionais da política fiscal, que começava a se consolidar fundada na centralização fiscal, por meio de contribuições sociais. A ADC nº 1 pedia, por sinal, a declaração de constitucionalidade da COFINS." Favetti, Rafael Thomaz. *Controle de Constitucionalidade e Política Fiscal.* Porto Alegre: Sergio António Fabris Editor, 2003, p. 136.

garantias individuais. Assim, o controle de constitucionalidade material desse tipo de proposição legislativa – a emenda constitucional – leva em conta um parâmetro mais estreito, composto essencialmente das cláusulas pétreas, tal como previstas no próprio texto constitucional.

No caso em comento, duas delas mereceram especial atenção, a forma federativa e os direitos e garantias individuais. Vejamos, a seguir, os pormenores da decisão e suas principais implicações para o tema deste estudo.

4.1. O Caso

A ação[14] foi proposta pela Confederação Nacional dos Trabalhadores do Comércio (CNTC) contra a criação do Imposto sobre Movimentações Financeiras (IPMF), previsto na Emenda Constitucional nº 3, de 17 março de 1993, e instituído pela Lei Complementar nº 77, de 13 de julho de 1993.

Na elaboração da emenda, o constituinte utilizou-se de técnica legislativa incomum. Em vez de modificar o próprio texto constitucional, pela mudança na redação originária de algum dispositivo ou pela inclusão de novos, a EC 3/1993 previu no seu próprio texto a criação de novo imposto, o Imposto sobre Movimentação ou Transmissão de Valores e de Créditos e Direitos de Natureza Financeira (IPMF).

O art. 2º da Emenda atribuiu à União competência para instituir, nos termos de lei complementar, com vigência até 31 de dezembro de 1994, imposto sobre movimentação ou transmissão de valores e de créditos e direitos de natureza financeira, o que se deu por meio da Lei Complementar nº 77/1993, já mencionada. A redação do art. 2º da EC 3 é a seguinte:

> Art. 2º A União poderá instituir, nos termos de lei complementar, com vigência até 31 de dezembro de 1994, imposto sobre movimentação ou transmissão de valores e de créditos e direitos de natureza financeira.
>
> § 1º A alíquota do imposto de que trata este artigo não excederá a vinte e cinco centésimos por cento, facultado ao Poder Executivo reduzi-

[14] BRASIL. Supremo Tribunal Federal. *Ação Direta de Inconstitucionalidade nº 939*. Relator: Sydney Sanches. Julgamento em 15.12.1993.

-la ou restabelecê-la, total ou parcialmente, nas condições e limites fixados em lei.

§ 2º Ao imposto de que trata este artigo não se aplica o art. 150, III, "b", e VI, nem o disposto no § 5º do art. 153 da Constituição.

§ 3º O produto da arrecadação do imposto de que trata este artigo não se encontra sujeito a qualquer modalidade de repartição com outra entidade federada.

§ 4º Do produto da arrecadação do imposto de que trata este artigo serão destinados vinte por cento para custeio de programas de habitação popular. (Grifo nosso)

As principais contestações em relação à Emenda diziam respeito às exceções previstas no seu § 2º, acima destacado. A disposição estabelecia que ao novo imposto não deveriam se aplicar as disposições do art. 150, III, "b", e VI, nem o disposto no § 5º do art. 153 da Constituição. Ou seja, o IPMF escaparia à aplicação do princípio da anterioridade e das imunidades recíprocas de templos de qualquer culto, de partidos políticos e suas fundações, de entidades educacionais e de assistência social, bem como de livros, jornais, periódicos e do papel destinado a sua impressão.

Em 15.9.1993, a medida cautelar requerida na ação direta foi deferida pelo Supremo Tribunal Federal para suspender, até 31.12.1993, os efeitos do art. 2º, e seus parágrafos, da EC 03/1993, bem como da Lei Complementar nº 77/1993. A mesma orientação foi adotada, ao depois, na decisão de mérito em 15.12.1993. O Tribunal julgou procedente, em parte, a ação, para declarar a inconstitucionalidade da expressão "o art. 150, III, 'b' e VI, nem" contida no § 2º do art. 2º de EC nº 03/93.

4.2. Importância do Julgado

Como já mencionamos, o julgamento é particularmente relevante tanto pelo seu objeto, uma emenda constitucional, quanto pelos fundamentos adotados na decisão, a violação de cláusulas pétreas.

Quanto ao objeto, é provavelmente este o primeiro caso no qual o Supremo Tribunal Federal discutiu a constitucionalidade de uma emenda ao texto constitucional e, ao fim, julgou-a, ao menos em parte, inconstitucional. Esse aspecto não passou despercebido durante o próprio julgamento. Há referências ao fato nos votos prolatados, especialmente no voto do Ministro Paulo Brossard, que registra a primazia da decisão, conforme se verifica no seguinte trecho:

> É a primeira vez que se discutem aspectos constitucionais de uma emenda constitucional. Antes só me recordo que a reforma de 1926 teve sua validade questionada, porque processada e promulgada sob estado de sítio. [...] Pela primeira vez, a constitucionalidade de uma emenda constitucional ou de aspectos de uma emenda constitucional chega até o Supremo Tribunal e é por ele enfrentada, discutida e decidida.

Antes desse julgamento, a controvérsia quanto ao cabimento de controle de constitucionalidade de emendas à Constituição havia sido ventilada no HC 18.178/DF, de relatoria do Ministro Hermenegildo de Barros, julgado em 1º.10.1926. Mas nem o alcance da decisão nem os contornos do caso eram semelhantes aos da ADI 939. Foi no julgamento da ação que se consolidou, na jurisprudência do STF, a possibilidade de o Tribunal conhecer de ações diretas ajuizadas contra emendas constitucionais.[15]

Quanto aos fundamentos, ao decidir pela inconstitucionalidade, o Tribunal reconheceu que o princípio da anterioridade e as imunidades

[15] Nesse sentido, veja-se o que afirma Luciano Felício Fuck: "a ADI 939 constitui a primeira vez que o STF examinou a constitucionalidade material e declarou a inconstitucionalidade da mais alta e nobre espécie normativa concedida ao Poder Legislativo: a emenda constitucional. É certo que o STF já havia examinado a compatibilidade de emenda constitucional com o texto original no famoso caso da Emenda Constitucional de 1926 (HC 18.178/DF, Rel. Min. Hermenegildo de Barros, Pleno, julgado em 1º.10.1926). Já naquela oportunidade, o Tribunal demonstrou grande desenvoltura na análise de constitucionalidade formal em relação às regras dispostas na Constituição de 1891, afirmando sua competência para verificar a legitimidade da reforma constitucional, nada obstante o grande debate a propósito no direito comparado. No entanto, na ADI 939, o STF não só examina a constitucionalidade material de emenda constitucional devidamente aprovada pelo Congresso Nacional, como também, ao fazê-lo, reconhece a incompatibilidade de parte de suas disposições com cláusulas pétreas. Nesse ponto, o STF pacificou a possibilidade de controle jurisdicional de constitucionalidade de emendas constitucionais pouco mais de cinco anos após a promulgação da Carta Magna, dando segurança às disposições fundamentais e inibindo aventuras institucionais." FUCK, Luciano Felício. Tributação e cláusulas pétreas: ADI 939. IN: Beatriz Bastide Horbach; Luciano Felício Fuck. (Org.). *O Supremo por seus Assessores*. São Paulo: Almedina Brasil, 2014, p. 17-18.

previstas no inciso IV, "b", "c" e "d" do art. 150 são garantias individuais do contribuinte e, portanto, cláusulas pétreas, na ordem constitucional de 1988. A imunidade prevista no art. 150, VI, "a" (a imunidade recíproca), é exceção, uma vez que está protegida pela hipótese do inciso I do § 4º, do art. 60 (forma federativa de Estado), e não pela do inciso IV do mesmo artigo (direitos e garantias individuais).

Tomar a anterioridade e as imunidades tributárias como direitos individuais do contribuinte tem evidente sentido prático no contexto do julgamento. Significa reconhecer que tais prescrições não podem ser afastadas nem mesmo por força de emenda constitucional, como pretendido pelo art. 2º, § 2º, da Emenda. Por isso, mais do que apenas reforçar a importância dessas disposições, o reconhecimento das limitações constitucionais ao poder de tributar como direito do contribuinte representou uma etapa necessária do raciocínio – isto é, da *ratio decidendi* –, que conduziu à declaração de inconstitucionalidade da EC 3/1993.

Com maior ou menor clareza, o fundamento é suscitado em todos os votos proferidos. Contra a possibilidade de se estabelecerem novas exceções ao princípio da anterioridade, além das que já constam do texto originário da Constituição Federal, aduz o relator do caso, Ministro Sydney Sanches, o seguinte:

> 12. Nem me parece que, além das exceções ao princípio da anterioridade, previstas expressamente no § 1º do art. 150, pela Constituição originária, outras pudessem ser estabelecidas por emenda constitucional, ou seja, pela Constituição derivada.
>
> 13. Se não se entender assim, o princípio e a garantia individual, que ele encerra, ficariam esvaziados, mediantes novas e sucessivas emendas constitucionais, alargando as exceções, seja para impostos previstos no texto originário, seja para os não previstos.[16]

Na mesma linha, o Ministro Carlos Velloso destaca a importância do princípio da anterioridade como garantia do contribuinte, ao afirmar que "as garantias dos contribuintes, inscritas no art. 150 da Cons-

[16] Brasil. Supremo Tribunal Federal. *Ação Direta de Inconstitucionalidade nº 939*. Relator: Sydney Sanches. Julgamento em 15.12.1993.

tituição, são intangíveis à mão do constituinte derivado, tendo em vista o disposto no art. 160, § 4º, IV, da Constituição". E reconhece que "as imunidades inscritas no inciso VI do art. 150 são, também, garantais que o constituinte derivado não pode suprimir".[17]

O Ministro Celso de Mello, por sua vez, enfatiza a importância das cláusulas pétreas no contexto da Constituição Federal de 1988. Sublinha o papel da anterioridade, de um lado, como "limitação constitucional ao poder impositivo das pessoas políticas" e, de outro, como "direito público subjetivo oponível ao Estado pelos contribuintes que dela se beneficiam". Daí concluir que "o ato normativo em causa efetivamente agride e afronta o regime dos direitos fundamentais dos contribuintes".

Fica também clara, no mesmo voto, a relação entre as imunidades – das entidades sindicais, dos templos, dos partidos políticos, das instituições de educação e assistência social e dos livros – e os valores que lhe são subjacentes – liberdade de associação, liberdade de consciência e liberdade de manifestação do pensamento. Por isso, suprimi-las acabaria por comprometer os "valores em função dos quais essa prerrogativa de índole tributária foi conferida", aduz o Ministro Celso de Mello.

A orientação[18] firmada nesse julgamento – de que as vedações previstas no art. 150 da Constituição conferem direitos fundamentais aos contribuintes – influenciou decisivamente a jurisprudência do Supremo Tribunal Federal e foi, posteriormente, aplicada em outros casos decididos pela Corte. Citem-se, como exemplo, o Recurso Extraordinário nº 587.008, de relatoria do Ministro Dias Toffoli, julgado em 6.5.2011, e a Medida Cautelar na Ação Direta de Inconstitucionalidade nº 4.661, de relatoria do Ministro Marco Aurélio, julgada em 20.10.2011.

[17] BRASIL. Supremo Tribunal Federal. *Ação Direta de Inconstitucionalidade nº 939*. Relator: Sydney Sanches. Julgamento em 15.12.1993.

[18] O teor e o alcance da decisão não estão livres de crítica na doutrina. Veja-se, por exemplo, Ricardo Ribeiro Lodi, para quem a decisão "estabeleceu uma diretriz por demais exagerada, a partir da ideia de que todos esses direitos dos contribuintes [previstos no art. 150, VI] são cláusulas pétreas e que por isso não podem ser abolidos, restringidos e sequer excepcionados por emendas constitucionais". RIBEIRO, Ricardo Lodi. As Cláusulas Pétreas Tributárias. *Revista de Direito do Estado* (RDE), v. 21, p. 625-647, 2011.

5. Direitos Fundamentais e Direitos do Contribuinte

Até aqui falamos de direitos fundamentais do contribuinte sem grande preocupação em explicar ou definir o conteúdo da expressão. Mas o que, afinal, são direitos *fundamentais*? E, em especial, quais deles podem ser tomados como direitos fundamentais *dos contribuintes* especificamente?

Não é novidade que os direitos fundamentais designam-se por diferentes nomes: "direitos humanos", "direitos do homem", "direitos fundamentais", "direitos humanos fundamentais", "direitos fundamentais do homem", "direitos e garantias individuais", "liberdades públicas", entre outros. É fato que nem todas têm exatamente o mesmo alcance ou significado, mas a preferência por este ou aquele nome justifica-se mais por razões práticas ou histórico-geográficas do que por motivos estritamente lógicos.

O Supremo Tribunal Federal e o Superior Tribunal de Justiça usam indistintamente as expressões acima apontadas. Há, no entanto, clara preferência pelas expressões "direitos e garantias fundamentais" e "direitos humanos", adotadas no próprio texto constitucional em vigor, no Título II ("Dos Direitos e Garantias Fundamentais") e nos art. 5º, §3º, e 109, V-A, da Constituição, respectivamente.

Além de muitos nomes, também não há apenas uma definição doutrinária do tema. Costuma-se demarcar a noção por meio dos seguintes atributos: universalidade, essencialidade, aplicabilidade imediata, indisponibilidade, previsão constitucional e capacidade de vinculação os três poderes. Já se sabe, no entanto, que rigorosamente nem todas essas características estão presentes em alguns dos direitos fundamentais. Os direitos sociais do trabalhador, por exemplo, não são exatamente universais, tendo em vista que se destinam a uma categoria específica; mas nem por isso perdem seu *status* de direitos fundamentais.

Ingo W. Sarlet distingue duas perspectivas para demarcar a noção de direitos fundamentais – a formal e a material. Diz o autor:

> Direitos Fundamentais são, portanto, aquelas posições jurídicas concernentes às pessoas, que, do ponto de vista do direito constitucional positivos, foram, por seu conteúdo e importância (fundamentalidade em sentido material), integradas ao texto da Constituição e, portanto, retiradas da esfera de disponibilidade dos poderes constituídos (fundamentalidade

formal), bem como as que, por seu conteúdo e seu significado, possam ser equiparados, agregando-se à Constituição material, tendo, ou não, assento na Constituição formal (aqui considerada a abertura material do catálogo).[19]

A preocupação deste estudo, obviamente, não é de conceituar "direitos fundamentais". A controvérsia a esse respeito, todavia, parece útil também para a matéria aqui enfrentada, tanto para delimitar quais seriam os direitos fundamentais do contribuinte quanto para compreender as diferentes interfaces entre tributos e direitos humanos.

Como se sabe, os direitos fundamentais não são apenas aqueles listados no art. 5º da Constituição Federal. O catálogo é aberto. Existem outros no texto constitucional e há permissão para que novos sejam incorporados. A disposição do § 2º do art. 5º não deixa dúvidas a esse respeito, ao prescrever que "Os direitos e garantias expressos nesta Constituição não excluem outros decorrentes do regime e dos princípios por ela adotados". Em matéria fiscal, a prescrição do art. 5º, § 2º, combina-se com a do *caput* do art. 150, ao consignar que as vedações dos incisos I a VI, determina que se apliquem "sem prejuízo de *outras garantias* asseguradas ao contribuinte".

Nesse quadro normativo, haveria, então, pelo menos, dois fundamentos para os direitos e garantias do contribuinte na Constituição Federal de 1988: (1) os que decorrem da aplicação, no campo tributário, dos direitos fundamentais genéricos, previstos no texto constitucional, principalmente no art. 5º da Constituição e (2) os que resultam de limitações constitucionais ao poder de tributar. No primeiro grupo, incluem-se, por exemplo, o sigilo fiscal (art. 5º, XII) e a inviolabilidade de domicílio (art. 5º, XIII), por exemplo, e, no segundo, a proibição do confisco (art. 150, IV) e a anterioridade (art. 150, III, "b").

A classificação certamente não é rigorosa. Vem aqui a título meramente ilustrativo. Na verdade, mesmo os direitos fundamentais do contribuinte, que se baseiam em disposições específicas do sistema tributário, não raro podem ser tomados como especificações de outros já previstos no texto constitucional. É o caso da isonomia e legalidade, que têm previsão genérica na Constituição (art. 5º, *caput*, e incisos I e

[19] SARLET, Ingo W. A *Eficácia dos Direitos Fundamentais*. 7ª ed. Porto Alegre: Livraria do Adv., 2007, p. 91.

II) e específica no campo tributário (art. 150, II e I, entre outros). Em outras situações, a norma tributária constitucional assume a forma de meio ou garantia a serviço de um direito previsto fora do capítulo tributária: por exemplo, a imunidade dos templos religiosos (art. 150, VI, "b") em relação à liberdade de culto (art. 5º, VI) ou a imunidade do livro em relação à liberdade de expressão (art. 5º, IX) e ao direito à cultura (art. 215).

Ainda que não seja rigorosa, essa forma de apresentar o tema já deixa claro que a influência dos direitos fundamentais em matéria de tributação não se reduz à função de limite à legislação tributária. A inter-relação entre direitos e tributos é mais ampla e pode assumir diferentes contornos.

6. Normas Tributárias e Direitos Humanos: interfaces e relações

Embora a defesa dos chamados "direitos fundamentais do contribuinte" seja a forma mais usual de relacionar a tributação com a temática dos direitos fundamentais, não é essa a única aproximação possível entre os direitos fundamentais e os tributos.[20]

Há, pelo menos, três interfaces possíveis entre direitos fundamentais e tributos, considerando a aplicação da legislação tributária e a efetivação dos direitos envolvidos. São elas: (1) os direitos fundamentais como limites à cobrança de tributos e à edição de normas tributárias; (2) a tributação como fonte de recursos para custeio de políticas públicas voltada à implementação de direitos fundamentais e (3) as normas tributárias como instrumentos extrafiscais de efetivação de direitos fundamentais.

A primeira interface toma os direitos fundamentais como típicos direitos de defesa. Essa abordagem refere-se especialmente aos ditos direitos de primeira geração ou dimensão, isto é, aqueles que se iden-

[20] No mesmo sentido, afirma Fernando Facury Scaff: "Entendo que o debate sobre os direitos humanos e tributação não pode ficar cingido ao estudo dos direitos fundamentais dos contribuintes, que traduzem tão somente a primeira dimensão dos direitos humanos, mas deve ser abordada também sob o ângulo da segunda e terceira dimensão dos direitos". SCAFF, Fernando F. A Desvinculação de Receitas da União (DRU) e a Supremacia da Constituição. IN: SCAFF, Fernando; MAUÉS, Antonio G. Moreira. *Justiça Constituição e Tributação*. São Paulo: Dialética, 2005, p. 96.

tificam com as liberdades públicas e impõem fundamentalmente limites negativos à atuação estatal. É o caso, por exemplo, da legalidade, da anterioridade (segurança jurídica) e do não confisco, utilizados pelo contribuinte contra a exigência de tributo indevido, extemporâneo ou desproporcional.

A segunda forma de relacionamento a que nos referimos é a que enxerga nas normas tributárias meios de financiamento – fonte de custeio – de medidas voltadas à efetivação de direitos fundamentais. Ganham especial destaque, nesse contexto, os direitos de segunda geração/dimensão, como saúde, educação, previdência e assistência social, que demandam prestações positivas por parte do Poder Público, em geral, bastante dispendiosas.

Para custeá-los, a Constituição Federal de 1988 (art. 149) estabeleceu tributos específicos que se caracterizam pela destinação vinculada de sua arrecadação. É o caso do art. 195 da Constituição Federal, que prescreve que a seguridade social será financiada por meio de contribuições sociais, deixando clara a relação entre os direitos que compõem o conceito de seguridade social – saúde, assistência e previdência – e o tributo encarregado de financiá-los, as contribuições.

A terceira possibilidade a que nos referimos é a que toma as próprias normas tributárias como instrumentos para efetivação de direitos fundamentais, notadamente os de terceira geração/dimensão. Nessa acepção, já não há confronto entre tributos e direitos fundamentais nem a tributação serve apenas como meio de financiamento. A legislação tributária, na verdade, contribui diretamente para a concretização dos direitos fundamentais, tomados agora como objetivos a serem perseguidos. A título de exemplo, cite-se o uso de "normas tributárias indutoras"[21] – na forma de agravamentos ou desonerações – voltadas à proteção do meio ambiente (art. 225 da Constituição).

Apontar essas três interfaces serve para ilustrar as diferentes relações possíveis entre direitos fundamentais e tributos. Vale dizer, na atividade tributária, o Poder Público pode encontrar nos direitos fundamentais limites à sua ação, objetivos a serem perseguidos ou fundamentos para instituição do tributo.

[21] SCHOUERI, Luís Eduardo. *Normas Tributárias Indutoras e Intervenção Econômica.* Rio de Janeiro: Forense, 2005, p. 30 e ss.

A proposta de levar em conta as gerações dos direitos não é rigorosa, tem evidente intuito didático. Na verdade, como se sabe, nem mesmo a ideia de "gerações" ou, como preferem outros, "dimensões" dos direitos humanos pode ser tomada em termos absolutos. As dimensões não se superam cronologicamente, sobrepõem-se. Os direitos – das diferentes gerações – formam, no seu conjunto, o arcabouço normativo do Estado Social de Direito. Nas palavras de Jairo Schäfer, "as diversas gerações, em verdade, são diferentes dimensões do mesmo fenômeno, cuja magnitude somente é perceptível em seu conjunto".[22]

Ademais, nem mesmo a identificação entre os usos do tributo e os direitos fundamentais é precisa. Tome-se como exemplo o caso da tributação ambiental: usa-se o tributo com fins extrafiscais, não para arrecadar, mas para assegurar a proteção do meio ambiente, típico direito difuso, enquadrado como de terceira geração/dimensão. Contudo, a invocação do regime extrafiscal não justifica o afastamento das limitações constitucionais ao poder de tributar e, portanto, dos direitos fundamentais do contribuinte, aqui empregados como direitos individuais e de defesa, tipicamente enquadrados como de primeira geração/dimensão. Afinal, como afirma Geraldo Ataliba, "Não pode a extrafiscalidade servir de invocação mágica que arrede o conjunto de restrições que – em nome da organização estatal, moralidade política e direitos individuais – constitui o regime tributário".[23]

Assim, têm-se, numa mesma situação, interfaces diferentes entre tributação e direitos fundamentais. De um lado, está o direito ao meio ambiente equilibrado como fundamento e escopo da legislação tributária ambiental e, de outro, o conjunto de garantias que forma o Estatuto do Contribuinte como parâmetros da validade dos tributos e das derrogações instituídas pelo regime extrafiscal.

De todo modo, ainda que não seja rigorosa, a classificação serve à finalidade didática. Faz ver que existem as diferentes formas de relacionamento entre as normas tributárias e as que asseguram direitos

[22] SCHÄFER, Jairo. *Classificação dos Direitos Fundamentais*: do sistema geracional ao sistema unitário: uma proposta de compreensão. 2ª ed. Porto Alegre: Livraria do Advogado, 2013, p. 61.

[23] ATALIBA, Geraldo. *Apontamentos de Ciência das Finanças, Direito Financeiro e Direito Tributário*. São Paulo: Revista dos Tribunais, 1969, p. 149.

fundamentais no ordenamento brasileiro, muito além dos direitos fundamentais do contribuinte.

6.1. Direitos Fundamentais do Contribuinte como Direitos de Defesa

Entender os direitos fundamentais como direitos do contribuinte é a forma mais usual de relacioná-los com o sistema tributário. Nessa acepção, os direitos fundamentais do contribuinte podem ser descritos essencialmente como direitos de defesa, isto é, garantias do Cidadão-Contribuinte, pessoa física ou jurídica, contra o Estado-Fisco, destinados a assegurar-lhe espaço à margem da intervenção estatal. Operam, assim, como normas de competência negativa e impõem ao Poder Público obrigações de abstenção, isto é, omissões.[24]

Os fundamentos, como já dissemos, encontram-se nas disposições que formam o sistema tributário nacional, no rol do art. 5º, e, grosso modo, em todo o texto constitucional em vigor. O exemplo mais evidente é o das limitações constitucionais ao poder de tributar, previstas nos arts. 150 a 152 da Constituição Federal, de que já cuidamos suficientemente ao examinar a decisão proferida na ADI 939.

As vedações previstas nos arts. 150 a 152 da Constituição, ao mesmo tempo em que estabelecem limites à competência impositiva estatal, resguardam a esfera da autonomia individual do cidadão (função defensiva). Ou seja, conferem a todos os contribuintes – ou a algumas categorias em especial – típicos direitos de defesa. Trata-se de assegurar ao indivíduo uma esfera de liberdade e outorgar-lhe "um direito subjetivo que lhe permita evitar interferências indevidas no âmbito de proteção do direito fundamental ou mesmo a eliminação de agressões que esteja sofrendo em sua esfera de autonomia pessoal".[25]

[24] A propósito da distinção entre direitos de defesa e direitos a prestações, especialmente os de proteção, explica Robert Alexy: "Para seus destinatários, direitos de defesa são, dentre outras, proibições de destruir ou afetar negativamente algo. Já os direitos a prestações são, para seus destinatários, dentre outras, obrigações de proteger ou fomentar algo." ALEXY, Robert. *Teoria dos Direitos Fundamentais.* 2ª ed. Trad. Virgílio Afonso da Silva. São Paulo: Malheiros, 2012, p. 461.

[25] SARLET, Ingo W. A *Eficácia dos Direitos Fundamentais.* 7ª ed. Porto Alegre: Livraria do Adv., 2007, p. 197.

Assim, tais disposições garantem ao contribuinte que a cobrança de tributos não lhe tolha a liberdade, não se dê sem lei, não lhe confisque o patrimônio, não afete o mínimo necessário a sua subsistência e não se faça senão a partir do próximo exercício financeiro, nem antes de decorridos noventa dias. A lista é exemplificativa. Não se trata aqui de propor um rol de direitos do contribuinte. Pretende-se apontar apenas este traço comum: o fato de serem postulados de abstenção, obrigações de não fazer, impostas em favor do indivíduo e contra o Estado-Fisco. Em todas essas hipóteses – entre outras – o discurso da proteção dos direitos fundamentais serve ao contribuinte como meio de defesa e limite contra o Fisco. Ou seja, a atividade do Fisco é restringida por esse tipo de disposição, por ocasião da elaboração da lei (atividade legislativa) e também de sua aplicação (atividade administrativa).

Grosso modo, pode-se dizer que a maior parte das limitações constitucionais ao poder de tributar tem como cerne, direta ou indiretamente, a proteção da propriedade privada. Isso, aliás, não é de se estranhar. Afinal, a tensão entre propriedade e os impostos marca a própria essência do Direito Tributário – o tributo em si mesmo pode ser definido como uma restrição à propriedade.

Mas existem também outros valores e bens jurídicos afetados pela atividade impositiva.[26] É o caso das limitações previstas no art. 150, VI, "c" e "d", por exemplo, que se voltam à proteção de outros bens jurídicos. Vale dizer, as imunidades estabelecidas para os templos de qualquer culto e para o livro podem ser compreendidas como garantias em favor das liberdades de crença e de expressão, respectivamente.

[26] Manoel Cavalcante de Lima Neto propõe classificar os direitos fundamentais do contribuinte entre quatro grupos, com base no critério do bem jurídico protegido: *liberdade* (imunidades, liberdade de tráfego, unidade tributária e livre exercício de atividade econômica); *igualdade* (isonomia tributária, tributação federal uniforme, isonomia da tributação dos títulos da dívida pública e dos vencimentos dos servidores públicos e a vedação da concessão de isenções heterônomas por parte da União; *segurança* (legalidade tributária, irretroatividade, anterioridade e transparência na tributação do consumo) e *propriedade* (vedação do confisco). Lima Neto, Manoel Cavalcante de. *Direitos Fundamentais dos Contribuintes.* Recife: Nossa Livraria, 2005, p. 146-147.

De qualquer sorte, em todos esses casos, os direitos individuais do contribuinte são opostos ao fisco. Atuam como de forma a limitar o Poder Público, no exercício da atividade fiscal, como típicos direitos de defesa.

6.2. Tributos como Instrumento de Financiamento dos Direitos Fundamentais

A segunda forma de relacionamento que destacamos é a que compreende os tributos como instrumentos de financiamento do Estado e, em particular, das políticas voltadas à concretização dos direitos fundamentais. Nessa hipótese, já não se trata de opor vedações ao Estado nem de impor abstenções. O tributo é instrumento de financiamento da ação estatal voltada à realização dos direitos fundamentais.

A bem da verdade, essa relação ocorre de forma indireta. Dá-se pelo gasto público, não pela norma tributária em si. Ou seja, os recursos públicos arrecadados por meio do sistema tributário são, ao depois, direcionados pelo orçamento para o financiamento de diversas formas. Sob esse viés, cabe considerar a vinculação entre direitos e seus custos, seja de forma genérica, no dever geral de pagar impostos, seja de forma específica, nas formas de vinculação de receitas tributárias previstas na legislação em vigor.

A efetivação dos direitos do homem – todos eles, qualquer que seja sua geração ou natureza (defesa, participação ou prestação) – tem custos econômicos, e a cobrança de tributos é a principal forma de obtenção dos recursos necessários para supri-los. Mesmo as liberdades públicas, o direito de votar e o direito de ir e vir, por exemplo, demandam prestações públicas e exigem o estabelecimento de um aparato institucional para que possam ser exercidos e assegurados.

É preciso construir e manter prédios públicos, adquirir equipamentos e contratar servidores públicos. Há sempre alguma forma de atuação Estatal necessária. "Nenhum direito é simplesmente um direito de ser deixado sozinho por funcionários públicos. Todos os direitos são reivindicações de uma resposta governamental afirmativa.", como afirmam Holmes e Sustein.[27] Por isso, em certo sentido, não basta dizer que são "sagrados", "invioláveis" ou "absolutos".[28] Proteger e assegurar os direitos fundamentais requer que se considerem também seus custos e a maneira de obtenção dos recursos econômicos necessários à sua satisfação. E, como fonte primeva de recursos estatais, os tributos têm um papel destacado nessa tarefa.

No Estado moderno, os tributos e, particularmente, os impostos são o principal meio pelo qual o Estado obtém recursos para o atendimento das competências institucionais – encargos ou atribuições – a que é vinculado pela Constituição. Pelo instrumento fiscal, "o Estado supre-se das economias privadas a fim de atender às carências públicas".[29] Não se trata de mera constatação de ordem econômica ou justificativa metajurídica. O sistema constitucional assinala para o tributo a função primordial de financiamento das atividades públicas, ao passo que restringe a exploração econômica por parte do Estado e relega a papel secundário os demais instrumentos de captação de receitas públicas.

A doutrina chama de "Estado Fiscal"[30] o modelo de "estado cujas necessidades financeiras são essencialmente cobertas por impostos".[31] A referência a impostos em particular, e não a quaisquer tributos em geral, explica-se porque "o imposto, como meio de financiamento geral, independente de prestações estatais concretas, permite ao Estado a

[27] No original: "No right is simply a right to be left alone by public officials. All rights are claims to an affirmative governmental response." HOLMES, Stephen; SUNSTEIN, Cass. *The Cost of Rights*: why liberty depends on taxes. New York: Norton &Co., 1999, p. 44.

[28] "Rights are familiarly described as inviolable, preemptory, and conclusive. But these are plainly rhetorical flourishes. Nothing that costs money can be an absolute". HOLMES, Stephen; SUNSTEIN, Cass. *The Cost of Rights*: why liberty depends on taxes. New York: Norton &Co., 1999, p. 97.

[29] QUIROGA, Roberto. *Tributação e Política Fiscal.* IN: Segurança Jurídica na Tributação e Estado de Direito, São Paulo: Noeses, 2005, p. 560.

[30] José Casalta Nabais distingue o conceito de "Estado Fiscal" do conceito de "Estado Tributário", que define como "um estado predominantemente assente em termos financeiros, não em tributos unilaterais – impostos –, mas sim em tributos bilaterais – taxas, contribuições especiais, etc." Segundo o autor, o Estado contemporâneo poderia assumir uma ou outra feição. NABAIS, José Casalta. *O Dever Fundamental de Pagar Impostos.* Coimbra: Almedina, 2004, p. 199.

[31] NABAIS, José Casalta. *O Dever Fundamental de Pagar Impostos*, Coimbra: Almedina, 2004, p. 192.

necessária mobilidade e independência no financiamento das tarefas públicas", como salienta Juan Manuel Barquero Estevan.[32]

A falta de bilateralidade confere certa independência às escolhas (orçamentárias) do Estado, em relação aos contribuintes individualmente considerados, e assim "permite assegurar a racionalidade das decisões financeiras e facilitar a execução de medidas [...] necessárias, embora impopulares".[33] Afinal, a vinculação, na hipótese de incidência, a prestações estatais concretas pressupõe decisão prévia, a respeito das despesas públicas, e não possibilita realizar rigorosamente a distribuição equitativa de cargas fiscais a serem suportadas pelos cidadãos[34] nem o custeio de serviços ou tarefas prestadas difusamente à sociedade.

A ideia de Estado Fiscal pode ser entendida como a "projeção financeira do Estado de Direito".[35] O dever geral de pagar tributo[36] é um elemento basilar da forma de Estado hoje vigente: "pressuposto geral da existência e funcionamento do estado e consequente reconhecimento e garantia dos direitos fundamentais em seu conjunto".[37]

[32] ESTEVAN, Juan Manuel Barquero. *La Función del Tributo em el Estado Social e Democrático de Derecho.* Madrid: Centro de Estudios Políticos y Constitucionales, 2002, p. 110.

[33] ESTEVAN, Juan Manuel Barquero. *La Función del Tributo em el Estado Social e Democrático de Derecho.* Madrid: Centro de Estudios Políticos y Constitucionales, 2002, p. 111.

[34] ESTEVAN, Juan Manuel Barquero. *La Función del Tributo em el Estado Social e Democrático de Derecho.* Madrid: Centro de Estudios Políticos y Constitucionales, 2002, p. 113.

[35] TORRES, Ricardo Lobo. *Curso de Direito Financeiro e Tributário.* 17ª ed. Rio de Janeiro: Renovar, 2010, p. 8.

[36] A ideia de que existiria um dever fundamental de pagar impostos ganha destaque especial na doutrina brasileira a partir da divulgação dos trabalhos de José Casalta Nabais (NABAIS, José Casalta. *O Dever Fundamental de Pagar Impostos.* Coimbra: Almedina, 1998, e NABAIS, José Casalta. *Direito Fiscal.* Coimbra: Livraria Almedina, 1998). É de se reconhecer, no entanto, que o conceito de Estado Fiscal já havia sido explorado anos antes na doutrina nacional por Ricardo Lobo Torres, em sua tese de doutorado, publicada em 1991. TORRES. Ricardo Lobo. *A Ideia de Liberdade no Estado Patrimonial e no Estado Fiscal,* Rio de Janeiro: Renovar, 1991. Sobre o mesmo tema, vale conferir também: Ivo, Gabriel. O Princípio da Tipologia Tributária e o Dever Fundamental de Pagar Tributos. IN: ALENCAR, Rosmar Antonni Rodrigues Cavalcanti de. (Coord.). *Direitos Fundamentais na Constituição de 1988 – Estudos Comemorativos aos seus Vinte Anos.* Porto alegre: Nuria Fabris, 2008.

[37] NABAIS, José Casalta. *O Dever Fundamental de Pagar Impostos.* Coimbra: Almedina, 1998, p. 59.

Algumas Constituições – por exemplo, a espanhola[38] e a italiana[39] – albergam previsões que estabelecem, de forma clara, o dever de todo cidadão contribuir, por meio do tributo, para a despesa pública. Na Constituição de 1988, não há disposição com teor semelhante. Ainda assim, não se nega a existência de um dever fundamental de pagar impostos também em nosso texto constitucional.

Na Constituição de 1988, tal princípio encontra fundamento assim na demarcação de competências que compõem o sistema tributário nacional (*e.g.* do art. 145 a 155) como nas disposições que compõem a ordem econômica, especialmente os arts. 173 e 174. Lidas em conjunto, essas disposições não deixam dúvida quanto à função do tributo – e, particularmente, do imposto – no Estado brasileiro, como meio preferencial de financiamento das contas públicas, bem como quanto à atuação subsidiária do Poder Público no domínio econômico. Consta expressamente no art. 173 da Constituição Federal: "a exploração direta de atividade econômica pelo Estado só será permitida quando necessária aos imperativos da segurança nacional ou a relevante interesse coletivo".

Nesse quadro, a ligação entre o sistema tributário e o discurso dos direitos fundamentais evidencia-se na perspectiva dos custos. Vale dizer, "para se garantir os direitos humanos, positivos ou negativos, é imprescindível o pagamento de tributos, pois são eles que sustentam o Estado", como aponta Marcos Valadão.[40] O autor chega a propor, teoricamente, a formulação de um "*direito* fundamental de pagar", em vez de um *dever*, como apresentado por Casalta Nabais.[41]

[38] Constituição Espanhola: "*Artículo 31*. 1. Todos contribuirán al sostenimiento de los gastos públicos de acuerdo con su capacidad económica mediante un sistema tributario justo inspirado en los principios de igualdad y progresividad que, en ningún caso, tendrá alcance confiscatorio. 2. El gasto público realizará una asignación equitativa de los recursos públicos y su programación y ejecución responderán a los criterios de eficiencia y economía. 3. Sólo podrán establecerse prestaciones personales o patrimoniales de carácter público con arreglo a la ley."

[39] Constituição italiana: "*Art. 53*. Tutti sono tenuti a concorrere alle spese pubbliche in ragione della loro capacità contributiva. Il sistema tributario à informato a criteri di progressività."

[40] VALADÃO, Marcos Aurélio Pereira. Direitos Humanos e Tributação: Uma concepção Integradora. *Direito em Ação*, Brasília, v. 2, nº 1, p. 221-241, 2001.

[41] NABAIS, José Casalta. *O Dever Fundamental de Pagar Impostos*. Coimbra: Almedina, 1998.

Há situações nas quais a relação entre os direitos e seus custos torna-se ainda mais estreita. É que, para o financiamento de certos direitos, o constituinte reservou instrumentos tributários especiais. As contribuições têm sua arrecadação vinculada a gastos com prestações específicas, como as relativas à educação, saúde, assistência social e previdência – *e.g.* o salário-educação (art. 212) e a contribuição para a seguridade social (arts. 149 e 195).

A diferença explica-se porque esses são, grosso modo, direitos sociais, direito a prestação em sentido estrito.[42] Exigem uma postura especialmente ativa por parte dos poderes públicos, uma vez que demandam mais intensamente prestações fáticas, na forma de bens e serviços públicos (*e.g.* medicamentos, tratamentos, consultas médicas, internações, aulas, etc), o que implica custos orçamentários significativos.

Por isso, ao reservar-lhes um instrumento de financiamento específico e vinculado, o constituinte procurou, ao menos em princípio,[43] assegurar-lhes fontes prioritárias de custeio e, por conseguinte, recursos financeiros suficientes. Ou seja, os tributos vinculados representam, até certo ponto, garantias constitucionais em favor dos direitos à prestação que financiam.[44] Fernando Scaff chega a afirmar que "as contribuições

[42] A doutrina costuma dividir os direitos a prestação em direitos a prestação em sentido amplo e em sentido estrito. Em sentido amplo, como salienta Robert Alexy, todo direito a uma ação positiva do Estado é direito a uma prestação. Aí, estariam incluídas desde ações voltadas à proteção do cidadão contra outro cidadão, por meio da tutela penal, o estabelecimento de normas de organização e procedimento e também os direitos à prestação em sentido restrito. Daí o autor dividir o direito a prestações em três grupos: (1) direito a proteção; (2) direito a organização e procedimento; e (3) direito à prestação em sentido estrito. No último grupo, estão os "direitos do indivíduo em face do Estado, a algo que o indivíduo, se dispusesse de meios financeiros suficientes e se houvesse uma oferta suficiente no mercado, poderia obter de particulares". ALEXY, Robert. *Teoria dos Direitos Fundamentais.* 2ª ed. Trad. Virgílio Afonso da Silva. São Paulo: Malheiros, 2012, p. 499.

[43] Na prática, como se sabe, as vinculações orçamentárias e os tributos vinculados nem sempre implicam ganho de eficiência. A literatura econômica costuma tecer duras críticas a esses instrumentos, destacando os efeitos perniciosos da rigidez orçamentária.

[44] Daí afirmar Fernando Scaff: "para além dos direitos fundamentais do contribuinte, existem outros direitos, de segunda dimensão, que necessariamente obrigam o Estado a agir em decorrência, e vinculado, às finalidades que ensejaram esta arrecadação." SCAFF, Fernando Facury. Para além dos direitos fundamentais do contribuinte: o STF e a vinculação

se configuram como uma expressão dos direitos humanos de segunda dimensão".[45]

Nessa hipótese, é ainda mais evidente a relação de essencialidade entre os direitos e os meios necessários para seu financiamento situados no sistema tributário. Enfim, seja de forma geral, com os impostos, seja de forma específica, com as contribuições, é fundamental perceber que a realização das promessas constitucionais passa inexoravelmente também pela consideração dos recursos necessários para essa tarefa e dos meios para obtê-los.

6.3. Extrafiscalidade como Meio de Efetivação dos Direitos Fundamentais

A terceira perspectiva que destacamos é a que enxerga nos direitos fundamentais objetivos a serem atingidos e, nos tributos, instrumentos imediatos para lográ-los. Agora, já não se trata de tomá-los como fonte de financiamento de políticas públicas, mas de ver na norma tributária em si uma ferramenta para sua realização. Cuida-se da função extrafiscal do tributo, ou seja, a utilização das normas tributárias com vistas a outros objetivos diversos da arrecadação.

A extrafiscalidade, como se sabe, é palavra com muitos sentidos. E diversos podem ser os efeitos não fiscais dos tributos – isto é, extrafiscais.[46] Destacamos aqui particularmente o chamado "efeito de indução": a capacidade que as normas tributárias têm de influenciar o comportamento dos contribuintes. A indução pode ser positiva, quando se estimulam os comportamentos consentâneos ao interesse público, normalmente por meio da redução da carga fiscal (*e.g.* instalação de indústrias em certa região do país ou preservação do patrimônio histórico-cultural), ou negativa, quando o instrumento fiscal serve de desestímulo a condutas indesejadas (*e.g.* atividades poluidoras).

das contribuições. IN: Luís Eduardo Schoueri. (Org.). *Direito Tributário* – Homenagem a Alcides Jorge Costa. São Paulo: Quartier Latin, 2003, v. 2, p. 1125-1146.

[45] SCAFF, Fernando F. A Desvinculação de Receitas da União (DRU) e a Supremacia da Constituição. IN: SCAFF, Fernando; MAUÉS, Antonio G. Moreira. *Justiça Constituição e Tributação.* São Paulo: Dialética, 2005, p. 96.

[46] Cf. CORREIA NETO, Celso de Barros. *O Avesso do Tributo.* 2ª ed. São Paulo: Almedina, 2016.

O exemplo do direito ao meio ambiente é o mais ilustrativo.[47] Podemos citar os incentivos fiscais concedidos em favor de atividades de relevância ambiental ou, em sentido oposto, a utilização de tributação agravada em desfavor de atividades poluidoras. Em tais casos, "as políticas públicas que versam matéria ambiental podem ser conjugadas aos tributos, e as ações governamentais podem-se valer do viés econômico-financeiro da extrafiscalidade na busca de seu desiderato".[48]

O direito tributário – leia-se: a legislação tributária – apresenta-se, nesse contexto, como um instrumento de tutela ambiental. O legislador usa de normas tributárias com o objetivo de estimular condutas ecologicamente desejáveis e/ou desestimular comportamentos que acarretam degradação ambiental, de modo que os fins estão no direito ambiental; os instrumentos, no direito tributário. O regime jurídico permanece o da tributação, mas inspirado por diretrizes outras, que não a de arrecadar.[49]

É também o caso da utilização de estímulos de natureza tributária em favor da inclusão no mercado de trabalho de pessoas com deficiência física ou com idade avançada. O exemplo já foi inclusive examinado pelo Supremo Tribunal Federal no julgamento da ADI 429.[50]

No direito brasileiro hoje, há diversas leis de benefício fiscal que, com maior ou menor eficiência, podem ser concebidas como ferramentas de implementação de políticas públicas no Brasil. Entre as mais conhecidas, no plano federal, vale mencionar: a Lei Rouanet (Lei nº 8.313, de 1991), voltada ao fomento dos "meios para o livre acesso às fontes da cultura e o pleno exercício dos direitos culturais" (art. 1º, I); a Lei nº 11.438, de 2006, que se destina a incentivar atividades de caráter desportivo; e a Lei nº 11.096, de 2005, que institui o Programa Universidade para Todos – PROUNI, destinado à concessão de bolsas de estudo para estudantes de cursos de graduação e sequenciais de formação específica.[51]

[47] Ver infra, capítulo II.

[48] Trennepohl, Terence Dornelles. *Incentivos Fiscais no Direito Ambiental.* São Paulo: Saraiva, 2008, p. 115.

[49] SCHOUERI, Luís Eduardo. *Normas Tributárias Indutoras e Intervenção Econômica.* Rio de Janeiro: Forense, 2005, p. 231.

[50] BRASIL, Supremo Tribunal Federal. *Ação Direta de Inconstitucionalidade nº 429.* Relator Ministro Luiz Fux. Julgamento em 20.11.2014.

[51] Sobre o tema dos benefícios fiscais, ver: CORREIA NETO, Celso de Barros. *O Avesso do Tributo.* São Paulo: Almedina, 2014.

Enfim, em todas essas situações, pode-se dizer que a política pública é realizada por intermédio do sistema tributário. Há uma clara relação de meio e fim entre tributos e direitos a serem concretizados. As leis tributárias são instrumentos voltados a um objetivo que se insere no rol dos direitos fundamentais.

7. Conclusão: o papel dos tributos no Estado de Direito

O debate em torno da efetividade dos direitos fundamentais passa pela criação de condições concretas que permitam pôr em prática as promessas constitucionalizadas em 1988. Suas implicações atravessam todos os setores normativos do ordenamento jurídico brasileiro, inclusive o sistema tributário nacional.

Em matéria tributária, a cultura dos direitos fundamentais altera a maneira como são percebidas as vedações ao poder de tributar, agora tomadas da perspectiva do cidadão-contribuinte, como direitos e garantias individuais – cláusulas pétreas na ordem constitucional de 1988. O contribuinte é titular de direitos fundamentais, sejam aqueles contidos no rol do artigo 5º da Constituição, que se aplicam também no contexto da cobrança de tributos, sejam os que lhe são especificamente assegurados na forma de limitações ao poder de tributar (art. 150 e ss.).

As interfaces entre tributos e direitos fundamentais são várias. Os direitos fundamentais impõem restrições às normas tributárias, mas também podem encontrar nelas meios para sua efetivação. Isso se dá, diretamente, no emprego dos instrumentos extrafiscais e, indiretamente, no uso da arrecadação tributária como fonte de financiamento das políticas públicas.

No campo dos tributos, espaço marcado pela tensão fisco-contribuinte e pela constrição necessária do direito *fundamental* de propriedade, o discurso dos direitos fundamentais apresenta tanto um limite quanto um objetivo a perseguir. E, em qualquer desses sentidos, o papel da tributação no Estado de Direito não pode ser ignorado.

Tributação e Meio Ambiente

Não ha que extranhar na pobreza de algumas dessas camaras. *Os moradores aspirariam a uma reducção dos tributos devidos á metrópole, taxados por ella; enquanto são eles proprios os unicos contribuintes, seria uma insania creal-los pela cara do logar. Na economia escravista, o interesse dos senhores está sempre na reducção geral dos impostos. Só num regime de salariado se comprehende a lucta tributaria, em que se empenham as classes differentes, avidas de carregarem umas sobre as outras, o custo da republica. O aumento dos impostos lançados pelas autoridades electivas será, por isto, ao contrário, inevitavel no dia em que a Colonia tiver ampliado o trabalho livre e irá, então, crescendo, á medida que essa fórma de trabalho fôr se generalizando.*

Carta do Sr. Professor Edgardo de Castro Rebello, Rio, 26 de abril de 1923. Em *Opiniões* na obra História Administrativa do Brasil, de Max Fleiuss. 2ª ed. São Paulo: Companhia Melhoramentos de São Paulo, 1925, p. XVII.

Capítulo 2
Instrumentos Fiscais de Proteção Ambiental

1. Tributo e Meio Ambiente

Este capítulo trata das diferentes formas de relacionamento entre as normas tributárias e as de proteção ambiental e, em especial, da maneira como os instrumentos fiscais podem servir à defesa do meio ambiente.

Partimos da ideia de que a tributação não é apenas um instrumento para arrecadar e pode funcionar também, em certos casos, como um meio de efetivação da tutela ambiental. No exercício de funções ditas "extrafiscais", o tributo abre-se a finalidades outras que não a mera arrecadação. E, entre essas, no contexto do sistema jurídico vigente, inclui-se a proteção do meio ambiente, em sua acepção mais ampla: natural, cultural e, inclusive, do trabalho.

Analisam-se, portanto, os principais mecanismos que o sistema tributário brasileiro oferece hoje à efetivação do direito positivado no art. 225 da Constituição Federal e também as regras que devem presidir o exercício da competência tributária, ainda quando aplicada à matéria ambiental.

2. Para que serve um tributo?

Os tributos são cobrados para angariar fundos para o Estado. É hoje sua função mais básica, disso ninguém duvida. Como forma de receita derivada, a tributação configura um meio pelo qual é lícito ao Estado interferir na propriedade privada e dela retirar uma parcela que, por lei, cabe-lhe. Com esses valores, custeiam-se a estrutura estatal e a efetivação das tarefas que são atribuídas ao Poder Público, *e.g.*, segurança pública, previdência social, educação, saúde e, inclusive, defesa da propriedade privada.

Assim, se à primeira vista o tributo pode parecer uma forma de "agressão" ou "exceção" ao direito de propriedade do contribuinte – porque lhe subtrai uma parcela –, uma visão mais ampla do ordenamento jurídico permite enxergar que tributo e propriedade são noções mutuamente dependentes. Não há sentido em se falar de tributação senão num contexto social e jurídico em que a propriedade privada seja reconhecida, já que é precisamente sobre ela que incidem os tributos. E estes, por sua vez, funcionam como mecanismos de legitimação dos comportamentos sociais orientados à acumulação de riqueza e estão, nessa medida, a serviço da propriedade privada.[52] São o preço que se paga pela liberdade no Estado Fiscal.[53]

Por isso, pode se dizer que as normas tributárias são tão importantes para aquilo que se entende por "propriedade privada" quanto as regras constitucionais que conferem tal direito. As regras tributárias, entre outras, compõem os contornos da propriedade privada e permitem sua existência, como vimos no capítulo anterior. A "propriedade é uma convenção jurídica definida em parte pelo sistema tributário", apontam Murphy e Nagel.[54] "Não podemos conceber a propriedade como algo que é distribuído ou simplesmente abocanhado pelo sistema tributário, mas sim como algo que é 'criado' por esse mesmo sistema", afirmam os autores.[55]

Da mesma forma, não há muita razão em se falar de neutralidade fiscal em termos absolutos, uma vez que todo tributo, de uma forma ou de outra, sempre acaba afetando a propriedade e, por conseguinte, as relações socioeconômicas que em torno dela se desenvolvem. A neutralidade, nesse sentido, é antes uma aspiração da ideologia liberal ou, simplesmente, um mito. Os tributos sempre interferem na propriedade

[52] PALMEIRA, Marcos Rogério. *Direito Tributário* versus *mercado*: o liberalismo na reforma do estado brasileiro nos anos 90. Renovar: Rio de Janeiro, 2002, p. 87.

[53] TORRES, Ricardo Lobo. *A idéia de Liberdade no Estado Patrimonial e no Estado Fiscal*. Rio de Janeiro: Renovar, 1991, p. 138.

[54] MURPHY, Liam; NAGEL, Thomas. *O mito da propriedade privada*: os impostos e a justiça. Trad. Marcelo Brandão Cipolla. São Paulo: Martins Fontes, 2005, p. 11

[55] MURPHY, Liam; NAGEL, Thomas. *O mito da propriedade privada*: os impostos e a justiça. Trad. Marcelo Brandão Cipolla. São Paulo: Martins Fontes, 2005, p. 240.

privada e no comportamento dos contribuintes e sempre revelam uma opção política, no que concerne a determinar "o que é de quem".

No contexto do Estado Fiscal, no qual os impostos representam a principal fonte de recursos do Poder Público, tributo, propriedade e liberdade apresentam-se essencialmente interligados. "As relações entre liberdade e tributo no Estado de Direito são de absoluta essencialidade. Não existe tributo sem liberdade, e a liberdade desaparece quando não a garante o tributo", assevera Ricardo Lobo Torres.[56]

Essa forma de entender a tributação tem implicações diretas na compreensão do conceito de extrafiscalidade, campo em que normalmente se insere o tema da tributação ambiental, o objeto deste estudo.

2.1. Competência Tributária e "Extrafiscalidade"

Seriam três as formas pelas quais o Estado poderia privar o indivíduo de seus bens: tributar, regulamentar e punir.[57] Três manifestações de poder do Estado. A primeira e a terceira seriam claramente distintas: tributo não é uma forma de sanção. Há inclusive a norma do art. 3º do Código Tributário Nacional, que deixa clara a diferença: "Tributo é toda prestação pecuniária compulsória, em moeda ou cujo valor nela se possa exprimir, *que não constitua sanção de ato ilícito*, instituída em lei e cobrada mediante atividade administrativa plenamente vinculada".

O mesmo, contudo, não se pode dizer do primeiro e segundo poderes. A tributação pode exercer funções regulatórias – leia-se: indutoras –, de modo a influenciar o comportamento dos contribuintes.[58] Nesse caso, há o exercício conjunto da competência tributária com

[56] TORRES, Ricardo Lobo. *A idéia de Liberdade no Estado Patrimonial e no Estado Fiscal*. Rio de Janeiro: Renovar, 1991, p. 109.

[57] SCHOUERI, Luís Eduardo, Segurança na Ordem Tributária Nacional e Internacional: Tributação do Comércio Exterior, IN: BARRETO, Aires *et alii*. *Segurança Jurídica na Tributação e Estado de Direito*. São Paulo: Noeses, 2005, p. 384.

[58] Afirma, a propósito, Ruy Barbosa Nogueira: "Em razão da soberania que o Estado exerce sobre as pessoas e bens de seu território, ele pode impor sobre essas pessoas e sobre esses bens, tributação (soberania fiscal), como também impor-lhes regulamentação (soberania regulatória). Daí o poder de tributar e o poder de regular". NOGUEIRA, Ruy Barbosa. *Direito Financeiro*: Curso de Direito Tributário. 3ª ed. São Paulo: José Bushatsky Editor, 1971, p. 145.

outras competências materiais, o que a doutrina costuma chamar de "extrafiscalidade".[59]

O termo, como se sabe, não é preciso e traz no étimo uma carga político-ideológica bem clara: o tributo deve, normalmente, ser neutro. O prefixo "extra", na palavra "extrafiscalidade", sugere a inclusão no direito tributário de elementos que dele, em verdade, não fariam parte. Elementos que lhe são estranhos, ou seja, "*extra*-fiscais". O conceito forma-se pela distinção entre o que normalmente está "dentro" e o que normalmente está "fora" do direito tributário, entre fiscalidade e extrafiscalidade, deixando subentendida a ideia de que a tributação não deve perseguir outros fins, senão arrecadar, embora, na prática, o faça. Em outras palavras, deve ser "neutra".

Mas será mesmo possível apartar com tal clareza as funções fiscais e extrafiscais dos tributos? Há tributo que seja sempre neutro? As premissas fixadas no tópico anterior já estão a indicar que não.

Boa parte dos tributaristas entende que fiscalidade e extrafiscalidade podem conviver numa mesma figura tributária, comportando apenas diferença de grau. Certos tributos tenderiam mais à fiscalidade, como o imposto sobre a renda, e outros, mais à extrafiscalidade, como o imposto sobre a importação, mas todos, em alguma medida, teriam as duas características.[60] Seriam fiscais e extrafiscais.

José Casalta Nabais aponta que a noção de extrafiscalidade poderia ser tomada em pelo menos duas acepções. Primeiro, como "extrafiscalidade imanente", isto é, aquela que existe em todas as exações, traduzindo-se nos inevitáveis efeitos econômicos dessas normas. Nesse caso, a extrafiscalidade seria secundária ou acessória. Segundo, como "extrafiscalidade em sentido próprio ou estrito", que descreve a hipótese na qual a finalidade arrecadatória assume papel secundário, diante de objetivos diversos que a tributação persegue no caso.[61] É nessa última acepção que José Casalta Nabais define extrafiscalidade como:

[59] Tôrres, Heleno Taveira, Incentivos Fiscais na Constituição e o "crédito-prémio de IPI". *Revista Fórum de Direito Tributário* – RFDT, ano 3, nº 14, p. 23-50, mar./abr., 2005, p. 26.

[60] Carvalho, Paulo de Barros. *Curso de Direito Tributário.* 16ª ed., São Paulo: Saraiva, 2004, p. 231.

[61] Nabais, José Casalta. *O Dever Fundamental de Pagar Impostos.* Coimbra: Almedina, 2004, p. 630.

conjunto de normas que, embora formalmente integrem o direito fiscal, tem por finalidade principal ou dominante a consecução de determinados resultados económicos ou sociais através da utilização do instrumento fiscal e não a obtenção de receitas para fazer face às despesas públicas.[62]

Fica clara, na passagem citada, a nota de instrumentalidade que sempre permeia as normas tributárias. A distinção entre fiscalidade e extrafiscalidade estaria, então, apenas no fim visado, uma vez que o instrumento é o mesmo nas duas situações: a tributação. Em outras palavras, os tributos fiscais seriam predominantemente instrumentos de arrecadação, ao passo que os tributos extrafiscais seriam predominantemente instrumentos de intervenção na ordem econômica e social.

Há ainda uma terceira via, que alarga o conceito de extrafiscalidade também para alcançar outros objetivos, a par da indução propriamente dita. Luís Eduardo Schoueri, com base nos estudos de Klaus Vogel, defende que as imposições tributárias, ao lado de seu típico objetivo de arrecadar, podem desempenhar outras três funções: 1) distribuir a carga tributária (e, desse modo, a própria renda); 2) induzir comportamentos e 3) simplificar o sistema tributário.[63] Seria, assim, extrafiscal norma tributária que atenda a qualquer um desses objetivos.

A palavra "extrafiscalidade" poderia, então, ser empregada para designar tanto gênero, que compreende todas as funções tributárias diversas da arrecadação, quanto uma de suas espécies, a função indutora. Tal ambiguidade, a seu ver, recomendaria o abandono do termo, substituindo-o pela expressão "normas tributárias indutoras", de manifesta preferência do autor.[64]

A questão, nota-se, vai além da discussão terminológica, diz respeito às funções que as normas tributárias podem desempenhar e ao regime jurídico que lhes é aplicável.

[62] Nabais, José Casalta. *O Dever Fundamental de Pagar Impostos*. Coimbra: Almedina, 2004, p. 629.

[63] Schoueri, Luís Eduardo. *Normas Tributárias Indutoras e Intervenção Econômica*. Rio de Janeiro: Forense, 2005, p. 27.

[64] Schoueri, Luís Eduardo. *Normas Tributárias Indutoras e Intervenção Econômica*. Rio de Janeiro: Forense, 2005, p. 34.

2.2. "Extrafiscalidade" Ambiental

Fixadas essas noções e estabelecida a premissa de que todo tributo, inevitavelmente, afeta a propriedade e a conduta do contribuinte, não é difícil perceber que importante não é saber se o tributo realiza outros valores ditos "extrafiscais" ou se "induz" comportamentos. Isso ele sempre faz. A questão está em dar conta de quais comportamentos o tributo induz e quais objetivos persegue ou pode perseguir. Ou seja, quais os efeitos concretos da tributação, além de arrecadar.

Em outras palavras, não se trata de cogitar se determinada exação interfere, ou não, na economia, mas como e com que objetivos o faz. Ou melhor, corrigindo a terminologia, cuida-se de saber como cada tributo "participa" da economia e da construção do conceito jurídico de propriedade.

A tese, de certo modo, não afeta em nada a ideia de normas tributárias indutoras, mas conflita, de certo modo, com a noção usual de extrafiscalidade. Se entendermos que o fenômeno existe sempre, na medida em que toda exação sempre faz mais do que arrecadar, a extrafiscalidade deixa de ser propriamente uma exceção, e a expressão perde, dessa forma, boa medida de seu sentido original.

Já o dito "efeito indutor" tem em vista exatamente a percepção da eficácia econômica e social dos tributos. Parte dessa premissa. Vale dizer, percebendo-se que o tributo interfere no comportamento do contribuinte, passa-se a tentar modular essa interferência e, por meio dela, o próprio comportamento do contribuinte de maneira consciente. E talvez a característica fundamental do que ordinariamente se chama indução esteja exatamente aí: em manejar conscientemente – isto é, em planejar – a eficácia social das exações tributárias.

Em matéria ambiental, que é o objeto deste capítulo, a tese encontra tradução precisa: todo tributo, em maior ou menor grau, pode ter consequências ambientais. A neutralidade, na hipótese, não raro pode equivaler à omissão. Em geral, reconhecer que um tributo é neutro, em matéria ambiental, é dizer que nada faz para estimular comportamentos ambientalmente recomendáveis.[65]

[65] Vale aqui, *mutatis mutandis*, o alerta de Raimundo Bezerra Falcão: "[...] a fazenda 'neutral' protege os favorecidos, deixando ao relento os desfavorecidos. É uma maneira de intervencionismo às avessas, pelo menos à luz da Justiça: permite que os detentores do capital e

A conclusão não é exatamente inovadora. Como explica Fábio Nusdeo, o sistema econômico não passa de um subsistema de uma cadeia de reações ecológicas.[66] O homem não está fora do meio ambiente, é mais um dos seus elementos. Bens econômicos são também bens ambientais, embora o inverso nem sempre seja verdade. Assim, "o problema ecológico é de natureza econômica e portanto o seu tratamento somente se fará com êxito mediante a utilização de instrumentos conaturais ao própria sistema econômico".[67] E a tributação é um deles.

Essa noção fica mais clara ao se analisar o sistema constitucional de proteção ao meio ambiente e, em especial, o princípio do poluidor-pagador, temas dos tópicos seguintes.

3. Proteção Ambiental

A Constituição Federal de 1988 dedica um dos seus capítulos do título da "Ordem Social" ao meio ambiente. É a primeira vez na história constitucional brasileira que uma Constituição Federal traz regramento específico para a proteção ambiental e eleva o direito ao meio ambiente ecologicamente equilibrado à categoria de direito fundamental do cidadão.

Daí a afirmação de José Afonso da Silva de que temos uma Constituição "eminentemente ambientalista". É o primeiro texto constitucional brasileiro a cuidar especificamente da questão ambiental e o faz de modo amplo e moderno, no artigo 225, além dos vários outros dispositivos que, aqui e ali, relacionam-se com a temática.[68]

Tal como posta na ordem jurídica nacional, a noção de meio ambiente pode ser entendida de duas formas. Em sentido estrito, sua acepção restringe-se ao chamado meio ambiente natural, compreendendo, especialmente, a fauna e a flora. Veja-se, por exemplo, a dis-

dos recursos naturais – por via de consequência, também da mão-de-obra – a amealhem mais riquezas ainda, aumentando a disparidade entre os indivíduos". FALCÃO, Raimundo Bezerra. *Tributação e Mudança Social.* Rio de Janeiro: Forense, 1981, p. 44.

[66] NUSDEO, Fábio. *Curso de Economia:* introdução ao Direito Econômico. 4ª ed. São Paulo: Revista dos Tribunais, 2005, p. 369.

[67] NUSDEO, Fábio. *Curso de Economia:* introdução ao Direito Econômico. 4ª ed. São Paulo: Revista dos Tribunais, 2005, p. 381.

[68] SILVA, José Afonso da. *Direito Ambiental Constitucional.* 4ª ed., São Paulo: Malheiros, 2003, p. 46.

posição do art. 3º da Lei nº 6.938/91, que define, no inciso I, meio ambiente como "o conjunto de condições, leis, influências e interações, de ordem química, física e biológica, que permite a vida em todas as suas formas". Em sentido amplo, além dos elementos citados, inclui-se no conceito também o chamado meio ambiente "artificial", aqui tomado em sentido amplo, para compreender aspectos de ordem social, econômica e cultural. O meio ambiente seria, nessa concepção, "um sistema no qual interagem fatores de ordem física, biológica e socioeconômica", como definido por Edis Milaré.[69] A noção abrange o meio ambiente artificial, cultural e do trabalho, este último expressamente mencionado no art. 200, VIII, do texto constitucional em vigor.

Eis o objeto de tutela do artigo 225 da Constituição Federal. A disposição incorpora no ordenamento o direito ao meio ambiente ecologicamente equilibrado, como direito fundamental enquadrado entre os de terceira "dimensão" ou "geração".[70] Identificada como o valor solidariedade, a regra do art. 225 positiva um direito de titularidade difusa, que não se liga à figura do "homem-indivíduo", mas volta-se à proteção dos grupos humanos indistintos.[71] Um direito de todos e também um dever de todos, na redação do *caput* do art. 255 da Constituição.

Com a Emenda Constitucional nº 42/03, o texto constitucional passou a conceber defesa do meio ambiente como um dos princípios da ordem econômica, a ser efetivado "inclusive mediante tratamento diferenciado conforme o impacto ambiental dos produtos e serviços e de seus processos de elaboração e prestação". A bem da verdade, fez-se expresso o que antes já estava implícito. Entre os instrumentos de concretização desse direito insere-se a tributação ambiental, com as particularidades adiante expostas.

[69] MILARÉ, Edis. *Direito do Ambiente*: doutrina, jurisprudência e glossário. 4ª ed., São Paulo: Revista dos Tribunais, 2005, p. 1087.

[70] Ver *supra*, capítulo I.

[71] SARLET, Ingo Wolfgang. *A Eficácia dos Direito Fundamentais*. 7ª ed. Porto Alegre: Livraria do Advogado, 2007, p. 58.

3.1. Princípio do Poluidor-pagador: Economia e Ecologia

Entre todos os princípios que compõem o direito ambiental, o poluidor-pagador parece aquele que permite divisar de forma mais clara a relação entre economia – e tributação – e ecologia, como dois campos conectados, dois círculos concêntricos, mas com raios diferentes.[72]

O princípio lastreia-se na ideia de que quem dá causa ao dano ambiental ou faz uso privado dos bens ambientais deve arcar com os custos de sua própria atuação. Estariam aí compreendidos tanto os casos de dano ambiental propriamente dito quanto os casos de tarifação por uso dos bens ambientais, mais condizente com o subprincípio do *usuário*-pagador do que propriamente com o do *poluidor*-pagador.

É comum se estabelecer uma distinção entre o princípio do poluidor-pagador e o do usuário-pagador, em que pese à raiz comum de ambos. Enquanto, no primeiro caso, tem-se em vista atividades geradoras de degradação ambiental – poluição, em sentido amplo; no segundo, o que está em jogo são atividades permitidas, mas que demandam a utilização de bens ambientais com finalidade econômica. Num caso, há punição ou compensação; noutro, tarifação de bens ambientais. O tema é sintetizado por Édis Milaré nos seguintes termos:

> O poluidor que paga, é certo, não paga pelo direito de poluir: este "pagamento" representa muito mais uma sanção, tem caráter de punição e assemelha-se à obrigação de reparar o dano. Em síntese, não confere direito ao infrator. De outro lado, o usuário que paga, paga naturalmente por um direito que lhe é outorgado pelo Poder Público competente, como decorrência de um ato administrativo legal (que às vezes pode até ser discricionário quanto ao valor e às condições); não tem qualquer conotação penal, a menos que o uso adquirido por direito assuma a figura do abuso, que contraria o direito.[73]

Na verdade, a ideia de sanção talvez não seja o melhor caminho para separar uma noção de outra, haja vista que o dever de reparar o dano

[72] Nusdeo, Fábio. *Curso de Economia:* introdução ao Direito Econômico. 4ª ed. São Paulo: Revista dos Tribunais, 2005, p. 371.

[73] Milaré, Édis, *Direito do Ambiente.* 4ª ed. São Paulo: Revista dos Tribunais, 2005, p. 171.

ambiental independe de culpa e não se vincula, necessariamente, à prática de ato ilícito. De toda sorte, para os estreitos lindes deste estudo, tomaremos um e outro com sentidos semelhantes, com base na noção de assunção dos custos sociais da degradação ambiental. Ou, simplesmente, internalização de externalidades.

A noção de externalidade vem da economia e, segundo Fabio Nusdeo, diz respeito "a custos ou benefícios que circulam *externamente* ao mercado, vale dizer, que se quedam incompensados, pois, para eles, o mercado, por limitações institucionais, não consegue imputar um preço".[74] Fala-se em externalidades negativas, quando a atividade produz custos sociais que não se inserem no seu ciclo produtivo como fatores econômicos. Já as positivas dizem respeito a benefícios gerados a terceiros, sem que o agente econômico receba qualquer forma de compensação. São decorrências das chamadas "falhas de mercado", em ambos os casos.

A poluição do ar liberada pelas indústrias pode ser mencionada como um exemplo de externalidade negativa, na medida em que acarreta custos para toda a sociedade, que, em princípio, não se refletem no preço do produto posto no mercado. Provoca, entre outras consequências, doenças respiratórias na população, que demandará os hospitais públicos, custeado com receitas estatais, sem que o preço do produto final fabricado aumente um centavo sequer.

Ao sistema jurídico, por meio de variados instrumentos, caberia a tarefa de inserir no mercado esses custos ou benefícios, isto é, "internalizá-los". E um dos caminhos para tanto é a tributação. Seria esta a chamada solução "pigouviana", que propõe que os tributos sirvam para elevar o custo da poluição, internalizando assim as externalidades negativas.[75]

[74] NUSDEO, Fábio. *Curso de Economia:* introdução ao Direito Econômico. 4ª ed. São Paulo: Revista dos Tribunais, 2005, p. 155.

[75] A proposta já enfrentou duras críticas, como se sabe. Veja-se, a propósito: ALTAMIRANO, Alejandro C. El Derecho Constitucional a un ambiente sano, Derechos Humanos y su vinculación con el Derecho Tributario. *Revista Tributária e de Finanças Públicas.* São Paulo, ano 9, nº 40, set./out. 2001, p. 55.

4. Tributo, Incentivo e Sanção

A legislação tributária pode figurar como um instrumento de tutela ambiental, até aqui isso já parece estar claro. O legislador vale-se de normas tributárias com o objetivo de estimular condutas ecologicamente desejáveis e/ou desestimular comportamentos que acarretam degradação ambiental. Os fins estão nas normas de direito ambiental; os instrumentos, no sistema tributário. Assim, permanece o regime jurídico da tributação, mas inspirado por diretrizes outras, que não a de arrecadar.[76]

Nesse relacionamento entre Direito Tributário e Direito Ambiental, há pelo menos quatro formas de utilização das normas tributárias voltadas à proteção ambiental: (1) a criação de tributos aplicáveis sobre poluição; (2) a utilização de agravamentos nos tributos já existentes; (3) a destinação/vinculação de receitas arrecadadas a atividades de proteção ambiental e (4) a concessão de incentivos fiscais. Os números 1 e 2 cuidam de internalizar, por meio do tributo, externalidades negativas, ao passo que o 4 se refere às positivas. O 3 não se enquadra necessariamente em nenhuma das hipóteses. É situação em que se lança mão de instrumentos que se inserem mais propriamente no Direito Financeiro do que no Tributário, segundo os limites impostos pela concepção tradicional. Não poderia, a rigor, ser definido como norma tributária indutora ou extrafiscal. É gasto público.

Cada um desses instrumentos tem hipóteses e requisitos específicos que condicionam sua utilização. A congruência de fins e resultados econômicos pretendidos não ilide as dessemelhanças jurídico-formais dos mecanismos em análise. Veja-se, por exemplo, o caso da criação de impostos aplicáveis sobre a emissão de poluentes. Para criar o tributo, é preciso considerar toda normatividade aplicável ao exercício da competência tributária. E, por se tratar de imposto "novo", só a União poderia fazê-lo, valendo-se de sua competência residual (art. 154, I, da Constituição Federal).[77] O mesmo obstáculo não será encontrado nas hipóteses 2 e 4, que tratam respectivamente de agravamentos e incen-

[76] SCHOUERI, Luís Eduardo. *Normas Tributárias Indutoras e Intervenção Econômica*. Rio de Janeiro: Forense, 2005, p. 231.

[77] AMARAL, Paulo Henrique do. *Direito Tributário Ambiental*. São Paulo: Revista dos Tribunais, 2007, p. 169.

tivos de natureza tributária, dois instrumentos de que os Estados-membros, o Distrito Federal e os Municípios também podem se valer com relativa discricionariedade política. Já a hipótese 3 encontra restrição na disposição do art. 167, III, da Constituição Federal, que veda a vinculação da renda de impostos, que restringe, em princípio, as espécies tributárias em que o mecanismo poderia ser utilizado.

Como escolher entre esses quatro instrumentos diversos? A decisão é evidentemente política, mas deve levar em conta a eficiência econômica de cada um deles. Glenn Jenkins e Ranjit Lamech oferecem dois critérios para a eleição do instrumento tributário a ser utilizado. Primeiro, a escolha deve ser pelo instrumento que seja mais simples de administrar e fiscalizar. Segundo, deve buscar o meio mais eficiente para a redução da forma de poluição que se tem por objeto.[78] Os critérios, embora sirvam para guiar o legislador na busca da estratégia que se mostre mais eficiente e econômica, não são jurídico-positivos e não vinculam, portanto, a atividade legislativa. São regras técnicas. Desde que seja apto para lograr a finalidade que se tem em mira, a escolha entre este ou aquele mecanismo é uma decisão política, balizada, entretanto, pelo princípio da proporcionalidade.

Ademais, sabe-se que considerações de outras ordens, além dos efeitos econômicos, normalmente tomam parte nessa decisão. A repercussão política ou o simbolismo político-social, por exemplo, são fatores normalmente levados em consideração quando se trata de escolhas dessa natureza. A criação de novo tributo, ainda que destinado a finalidades ambientais, não tem o mesmo significado político da concessão de incentivos fiscais, que normalmente é vista com bons olhos. E há também a questão da repartição de receitas tributárias, de que fica livre a receita das contribuições – exceto a do art. 177, § 4º, da Constituição –, mas não a dos impostos.

Todos esses são aspectos jurídicos e políticos que acabam influindo na escolha de qual instrumento tributário empregar. Vejamos a seguir o modo de atuação de cada um desses instrumentos e as diretrizes que vinculam sua utilização.

[78] Jenkins, Glenn; Lamech, Ranjit. *Green Taxes and Incentive Policies*: an International Perspective, San Francisco: ICS, 1994, p. 48.

4.1. Tributos Ambientais

De todas as formas de atuação, a criação de tributos sobre a emissão de poluentes é, provavelmente, a mais difundida. Há autores, como Parthasarathi Shome, que chegam a defender a necessidade da criação de um tributo ambiental global a incidir sobre a emissão de gás carbônico na atmosfera.[79]

A ideia é que os "ecotributos" elevem o custo da atividade indesejada e, assim, afetem a competitividade dos agentes econômicos a eles sujeitos, de modo a desencorajar atividades poluidoras.

No ordenamento brasileiro, tal forma de atuação passaria inevitavelmente por três questionamentos que dizem respeito à: (1) competência tributária ambiental, (2) possibilidade de se tributarem atos que gerem degradação do meio ambiente e (3) necessidade de que os atos tributados revelem riqueza. As questões serão tratadas nos tópicos seguintes.

4.1.1. Competência Tributária Ambiental

A criação de tributos com a finalidade de internalizar custos socioambientais pressupõe dupla competência. De um lado, a competência material ou administrativa para atuar na seara ambiental; de outro, a competência legislativa para criar tributo sobre a atividade que se pretende onerar, grosso modo, uma atividade poluidora.

O primeiro requisito não faltaria a nenhum dos entes políticos, haja vista que a competência material ambiental foi atribuída de forma comum, no art. 23 da Constituição Federal. E, "em face da competência comum, pouco importa que seja o detentor do domínio do bem ou o ente que legislou a respeito. Todos podem atuar na preservação das árvores, da fauna, da flora".[80]

O problema estaria, então, na competência legislativa tributária. Embora tenha sido outorgada a todos os entes políticos, sua distribuição obedece a critérios diversos, conforme a espécie tributária em questão. Em relação a maior parte dos impostos, a Constituição repartiu a competência de acordo com o aspecto material do fato gerador e deixou à

[79] Shome, Parthasarathi. A 21sr Century Global Carbon Tax. *Bulletin for International Fiscal Documentation*, nov./dec., 1996, p. 481-489.

[80] Freitas, Vladimir Passos de. *A Constituição Federal e a Efetividade das Normas Ambientais*. 2ª ed., São Paulo: Revista dos Tribunais, 2002, p. 77.

União a competência para instituição de novos impostos (art. 154, I) e dos extraordinários (art. 154, II), em caso de guerra externa.

Nos tributos vinculados, o critério muda. Será competente para cobrar taxas e contribuições de melhoria quem detiver competência material para desempenhar a atividade que justifica a exação: prestação de serviço, realização de obra ou exercício de poder de polícia. Nas contribuições ditas "especiais", as previstas no art. 149 da Constituição, a competência fica restrita à União, salvo as que se destinem ao custeio de regime especial de previdência dos Estados, dos Municípios ou do Distrito Federal (art. 149, §1º).

Por motivos óbvios, a tributação das atividades poluidoras não poderia ser levada a cabo, diretamente, por meio de tributos vinculados, uma vez que "poluir" não é uma tarefa do Estado: não é obra nem configura prestação de serviço público ou exercício de poder de polícia. Assim, não seria válida contribuição de melhoria tampouco uma taxa que tivesse a poluição em si mesma como fato gerador. A rigor, o uso desses tributos – contribuição de melhoria ou taxa – só tem cabimento quando se tratar de repartir o custo de obras que impliquem mais valia ambiental ou de financiar a fiscalização de empreendimentos com atividades potencialmente poluidoras ou que se utilizem de recursos naturais. Há diversos exemplos de taxas assim estruturadas, como veremos a seguir.

Para tributar especificamente as atividades poluidoras, seriam adequados, em princípio, apenas os impostos e as contribuições especiais, notadamente as de intervenção no domínio econômico – que tenham regra-matriz de imposto – para tributar fatos econômicos que revelem atividades poluidoras. Em todo caso, seja com impostos, seja com contribuições, a criação de novos tributos como forma de internalizar custos sociais cabe apenas à União Federal, na ordem jurídica brasileira.

Quanto aos impostos, essa atuação fica relegada ao campo da competência residual, submetendo-se aos requisitos do art. 154, I, da Constituição Federal: (1) ser instituído por lei complementar; (2) não ser cumulativo e (3) não ter base de cálculo, nem fato gerador dos impostos previstos na Constituição. Já no que se refere ao uso de contribuições, a tributação das atividades poluidoras ficaria restrita às de intervenção no domínio econômico. Em ambos os casos, trata-se de exações de competência exclusiva da União.

4.1.2. Tributar a Poluição?

Como compatibilizar a tributação, que pressupõe atos lícitos, com o dever geral de não degradar o meio ambiente? A questão fundamenta-se, em especial, na disposição do art. 3º do Código Tributário Nacional, que prescreve que o tributo não constitui "sanção por ato ilícito". Poderia a norma tributária tomar como fato gerador comportamentos que importem degradação do meio ambiente?

Analisando o tema, Paulo Henrique do Amaral distingue as hipóteses de degradação/poluição lícitas daquelas que se inserem no campo da ilicitude. Diz o autor que "a tributação das atividades poluidoras ocorre na margem que vai da poluição aceitável ou permitida até o limite da poluição proibida".[81] O campo de atuação do Direito Tributário não atingiria a margem de poluição[82] proibida, mas apenas a que se aceita como lícita, ou seja, indispensável ao desenvolvimento da sociedade. Daí em diante, não haveria mais espaço para a tributação: "não tem sentido estimular ou desestimular, por meio de instrumentos tributários, condutas ilícitas, pois a estas caberão a proibição e a penalização", conclui.[83]

Há um quê de verdade nisso, mas o pensamento não pode ser tomado sem reservas e esclarecimentos. De fato, existem comportamentos que, embora gerem poluição ou dano ambiental, são qualificados como lícitos no ordenamento brasileiro e, portanto, não justificam a imposição de sanção. Entre os atos lícitos de degradação, estariam compreendidas pelo menos duas espécies: os que são lícitos porque irrelevantes e os que são lícitos porque inevitáveis. Ademais, pelas normas de direito ambiental, tem-se, então, duas classes: a dos comportamentos poluidores proibidos e a dos comportamentos poluidores permitidos.

[81] AMARAL, Paulo Henrique do. *Direito Tributário Ambiental*. São Paulo: Revista dos Tribunais, 2007, p. 127.

[82] A Lei nº 6.938/81, no art.3º, III, define, genericamente, como "poluição" a "degradação da qualidade ambiental", que decorre, direta ou indiretamente, de atividades que (a) prejudiquem a saúde, a segurança e o bem-estar da população; (b) criem condições adversas às atividades sociais e econômicas; (c) afetem desfavoravelmente a biota; (d) afetem as condições estéticas ou sanitárias do meio ambiente e (e) lancem matérias ou energia em desacordo com os padrões ambientais estabelecidos.

[83] AMARAL, Paulo Henrique do. *Direito Tributário Ambiental*. São Paulo: Revista dos Tribunais, 2007, p. 131.

A distinção é imprescindível para que se entenda o papel que a tributação pode desempenhar em matéria ambiental.

Para os atos ilícitos, a legislação reserva instrumentos específicos, em três esferas: civil, administrativa e criminal. É o que consta no art. 225, § 3º, da Constituição Federal, que prescreve a independência da obrigação civil de reparar o dano, em relação à aplicação de sanções administrativas e penais. E a tributação não se encaixa entre as últimas, isto é, entre as consequências do ilícito ambiental. Disso, contudo, não decorre, pura e simplesmente, que toda atividade poluidora ilícita fique livre do pagamento de tributos.

O fato descrito na hipótese da regra-matriz de incidência tributária deve ser lícito, porque o tributo não é norma sancionadora. Isso, todavia, não implica que a tributação ambiental incida apenas sobre atividades lícitas, ou seja, apenas sobre a poluição tolerada. Com efeito, não pode o Estado instituir um imposto sobre a pesca mediante o uso de explosivos ou substâncias tóxicas, conduta criminalizada pelo art. 35 da Lei nº 9.605/98. Mas será que tal atividade ficaria isenta da cobrança de um tributo sobre a pesca, em geral, a despeito de ser criminosa? Parece-nos que não.

Os fatos descritos na hipótese dos impostos são sempre permitidos, *e.g.*, ser proprietário, auferir renda, prestar serviço. Em princípio, todas essas são situações lícitas no ordenamento. Entretanto isso não quer dizer que o mesmo fato que é tomado pela regra-matriz de incidência tributária não possa ser colhido por outra norma do sistema para, somada a outros elementos, figurar como parte do suporte fático de uma norma que imputa sanção a esse conjunto.[84] Nesse caso, o tributo é cobrado, ainda que o fato gerador seja realizado no contexto de uma atividade ilícita. A ilicitude é desconsiderada.

De toda sorte, é bom ter clara esta distinção. Enquanto a sanção impede ou desestimula o comportamento diretamente, proibindo-o; o tributo extrafiscal o faz de modo indireto, desestimula-o apenas, de

[84] A propósito, explica Lourival Vilanova: "A relação jurídica que, num ponto da série, é efeito de um fato jurídico, passa ao tópico funcional de um fato jurídico em face de novas relações eficaciais. O suporte fático pode ingressar na hipótese fáctica contendo, em sua composição interna, fatos naturais e fatos já jurisdicizados, meros fatos e relações jurídicas: no seu todo funciona como fato jurídico produtor de efeitos". VILANOVA, Lourival. *Causalidade e Relação no Direito*. 2ª ed. São Paulo: Saraiva, 1989, p. 165.

sorte que o comportamento tributado permanece no campo dos atos lícitos.[85]

4.1.3. Atos de Degradação com Relevância Econômica

Outra questão relevante quando se discute a tributação de atividades poluidoras diz respeito ao princípio da capacidade contributiva. Uma das acepções do princípio, no ordenamento brasileiro, vincula a atividade do legislador na escolha dos fatos que podem compor a hipótese da regra-matriz de incidência tributária. Obriga-o a buscar índices ou indícios de capacidade contributiva – manifestação de riqueza – para compor o critério material da hipótese de incidência da regra tributária.

Dizendo de outro modo, só fatos que representem manifestação de riqueza podem figurar como fatos geradores. A capacidade contributiva estaria no próprio pressuposto do tributo: "Representa sensível restrição à discriminação legislativa, na medida em que não autoriza, como pressuposto de impostos, a escolha de fatos que não sejam reveladores de alguma riqueza".[86] Trata-se do que se costuma chamar de capacidade contributiva em sentido objetivo.

Nessa acepção, o princípio é aplicável tanto aos casos de fiscalidade quanto aos de extrafiscalidade. Para criar tributos "ecológicos" – que são, grosso modo, extrafiscais – o legislador terá, necessariamente, de tomar fatos que revelem manifestação de riqueza para compor a hipótese. Não será, portanto, qualquer comportamento poluidor que poderá ser tributado. É preciso que ostentem relevância econômica direta.

Embora se possa dizer que a poluição sempre configura, ainda que indiretamente, um fato econômico, visto que empobrece toda a comunidade, não se pode dizer que gere sempre o enriquecimento do poluidor. Como destaca Pedro Henrique do Amaral, "a degradação ambiental [...] não constitui fato capaz de mensurar a capacidade econômica do contribuinte".[87] Por esse motivo, parece-nos lícito tributar a industria-

[85] Becker, Alfredo Augusto. *Teoria Geral do Direito Tributário*. 3ª ed. São Paulo: Lejus, 2002, p. 609.

[86] Costa, Regina Helena. *Princípio da Capacidade Contributiva*. 3ª ed. São Paulo: Malheiros, 2003, p. 23.

[87] Amaral, Paulo Henrique do. *Direito Tributário Ambiental*. São Paulo: Revista dos Tribunais, 2007, p. 209.

lização de produtos não biodegradáveis ou certos insumos, mas talvez não a pura e simples emissão de poluentes na atmosfera. Para tais casos, o ordenamento brasileiro reserva as sanções administrativas e penais, mais adequadas à situação.

É preciso escolher com cuidado o comportamento humano que irá figurar como critério material da hipótese de incidência do tributo. Eis mais um limite que deve ser respeitado pelo legislador na configuração dos "tributos verdes", especialmente se instituídos na forma de impostos. Além de lícito, o fato que figura na hipótese de incidência deve sempre figurar como fato signo presuntivo de riqueza.

4.2. Agravamentos Tributários

Um dos caminhos que o Poder Público pode seguir para promover a tutela ambiental por meio dos tributos é usar de agravamentos, isto é, majorar o valor das exações anteriormente criadas, a fim de desestimular a prática do ato que compõe o critério material da hipótese. Isso se faz por meio de alterações no critério quantitativo do consequente da regra-matriz de incidência tributária, especialmente por meio de dois caminhos: elevação da alíquota e ampliação da base de cálculo.

Uma vantagem do uso dessa estratégia de tutela ambiental é que, ao contrário da criação de novos impostos sobre atos econômicos que importem emissão de poluentes, para a qual só é competente a União, qualquer ente político pode promover aumentos nos tributos que sejam de sua respectiva competência, desde que não afronte os balizamentos constitucionais. Aliás, do ponto de vista político, é, em geral, mais fácil aprovar o aumento de um tributo já existente do que a criação de um novo imposto.

Outra vantagem é o aumento de arrecadação que, pelo menos em princípio, o método pode acarretar. As receitas podem ser destinadas ao financiamento de políticas públicas em favor da defesa do meio ambiente, ainda que não se institua destinação legal vinculada. Passado algum tempo, entretanto, é de se esperar que a arrecadação seja reduzida, uma vez que o desestímulo à realização do fato gerador é precisamente o objetivo do agravamento. Ou seja, eleva-se, por exemplo, o imposto sobre industrialização de embalagens plásticas para que menos produtos como esse sejam fabricados, não para que a arrecadação aumente permanentemente.

Como desestímulo, a elevação de alíquota pode configurar uma das vias para aumentar-se a carga tributária. Podem-se atribuir alíquotas diferenciadas conforme o potencial poluidor do produto ou da atividade, variando seu valor conforme se trate de objetivos de longo ou curto prazo.[88] A outra via possível é a modificação da base de cálculo, aumentando-a conforme se deseje elevar o valor do tributo devido.

No caso do Imposto sobre Produtos Industrializados (IPI) e do Impostos sobre Circulação de Mercadorias (ICMS), há permissão expressa para manipulação de suas alíquotas, consubstanciada no princípio da seletividade. Se, como afirma Eduardo Botallo, zelar pelo meio ambiente é um dever constitucionalizado, então "não há dúvida de que tudo quanto, na área da economia de mercado, estiver relacionado como propósito firmado por esses preceitos, haverá de ser *essencial*".[89] Para o IPI, a prescrição vem no art. 153, § 3º, I, da Constituição e tem natureza impositiva: o imposto "*será* seletivo, em função da essencialidade do produto". Já, no caso do ICMS, trata-se de uma faculdade, prevista no art. 155, § 2º, III: o imposto "*poderá* ser seletivo, em função da essencialidade das mercadorias e dos serviços".

Para o Imposto sobre a Propriedade Predial e Territorial Urbana (IPTU), o texto constitucional em vigor, após a Emenda Constitucional nº 29/2000,[90] autoriza duas formas de progressividade: em razão do valor do imóvel (art. 156, §1º, I) e no tempo (art. 182, § 4º, inciso II). Ademais, a Emenda Constitucional nº 29/2000 introduziu também no art. 156, § 1º, II, autorização expressa para a seletividade no IPTU, pelo uso de "alíquotas diferentes de acordo com a localização e o uso do imóvel".

A progressividade prevista no art. 182, § 4º, inciso II, da Constituição serve à proteção do meio ambiente urbano, como instrumento para ordenar a ocupação do solo das cidades e realizar a função social de propriedade imobiliária.

[88] JENKINS, Glenn; LAMECH, Ranjit. *Green Taxes and Incentive Policies*: an International Perspective, San Francisco: ICS, 1994, p. 48

[89] BOTALLO, Eduardo. Mesa de Debates 'C' – Tributação, Ecologia e Meio Ambiente. *Revista de Direito Tributário*, nº 78, São Paulo, Malheiros, 1999, p. 68-89.

[90] Súmula 668 do STF: "É inconstitucional a lei municipal que tenha estabelecido, antes da Emenda Constitucional 29/2000, alíquotas progressivas para o IPTU, salvo se destinada a assegurar o cumprimento da função social da propriedade urbana".

O art. 182 da Constituição autoriza o Poder Público municipal, mediante lei específica, para área incluída no plano diretor, a exigir do proprietário do solo urbano não edificado, subutilizado ou não utilizado que promova seu adequado aproveitamento. Para forçar o atendimento dessa diretriz, dispõe o Município de três caminhos, que devem ser empregados sucessivamente nesta ordem: (1) parcelamento ou edificação compulsórios; (2) imposto sobre a propriedade predial e territorial urbana progressivo no tempo e (3) desapropriação com pagamento mediante títulos da dívida pública de emissão previamente aprovada pelo Senado Federal, com prazo de resgate de até dez anos (art. 182, § 4º, da Constituição Federal).

A disposição foi regulamentada pela Lei nº 10.257/2001, conhecida como "Estatuto da Cidade". A lei prevê o IPTU progressivo no tempo como um dos instrumentos de política urbana (art. 4º, IV, "a"). Estabelece que, caso sejam descumpridos os prazos e as condições impostos pela lei municipal para o parcelamento, a edificação ou a utilização compulsórios do solo urbano, poderá o Município lançar mão de IPTU progressivo no tempo, mediante a majoração da alíquota pelo prazo de cinco anos consecutivos (art. 7º). O valor da alíquota a ser aplicado a cada ano será fixado em lei específica do Município e não excederá a duas vezes o valor referente ao ano anterior, respeitada a alíquota máxima de quinze por cento (art. 7º, § 1º).

Ultrapassado o prazo de cinco anos de cobrança de IPTU progressivo no tempo sem que o proprietário tenha cumprido a obrigação de parcelamento, edificação ou utilização, o Município poderá proceder à desapropriação do imóvel com pagamento em títulos da dívida pública (art. 8º). A medida é extrema e representa o último passo das etapas sucessivas previstas no § 4º do art. 182 da Constituição Federal.

Na prática, a progressividade fiscal (art. 156, § 1º, I) costuma ser mais frequente nas legislações municipais do que a progressividade no tempo (art. 182, § 4º, inciso II).[91] Após 2001, com a edição da Lei nº 10.257/2001 ("Estatuto da Cidade"), os entes municipais vêm procedendo às necessárias reformas na legislação local para o uso desse ins-

[91] Sobre o tema, ver: LEONETTI, Carlos Araújo. O IPTU progressivo no tempo e os princípios da função social da propriedade e da preservação do meio ambiente. *Revista Jurídica da Universidade do Sul de Santa Catarina*. Unisul de Fato e de Direito, v. 1, p. 9-22, 2011.

trumento de política urbana. O Município de São Paulo, por exemplo, passou a usá-lo a partir de 2002, com a adoção do Plano Diretor Estratégico (Lei nº 13.430/2002). A matéria hoje está disciplinada pela Lei nº 16.050/2014, que "aprova a Política de Desenvolvimento Urbano e o Plano Diretor Estratégico do Município de São Paulo".

Não há previsões assim específicas de usos extrafiscais ambientais para cada um dos impostos previstos na Constituição. No entanto, a autorização para o uso da progressividade par fins de tutela ambiental pode ser colhida da combinação do art. 225 com o art. 145, § 1º, da Constituição, o qual prevê que "sempre que possível, os impostos terão caráter pessoal e serão graduados segundo a capacidade econômica do contribuinte, facultado à administração tributária".

4.3. Vinculação de Receitas

Inserir a vinculação de receita entre as estratégias do Direito Tributário para proteção ambiental mostra que esse objetivo pode ser perseguido não só pelo caminho de extrafiscalidade, mas também pelo gasto público. Deixa-se, nessa hipótese, o campo das normas tributárias indutoras, para usar do tributo com a finalidade que lhe é mais usual – arrecadar. E o produto da arrecadação é empregado na concretização de políticas públicas em defesa do meio ambiente, não a norma tributária em si mesma.

Para se garantir que o valor auferido seja empregado, efetivamente, em favor de ações de proteção do meio ambiente, pode-se cogitar o estabelecimento da obrigação legal de destinação dos valores arrecadados a determinada atividade, na forma do que se costuma chamar de "vinculação" ou "afetação" de receitas tributárias. Há, pelo menos, duas formas de fazê-lo: (1) pela afetação das receitas de determinando tributo a políticas públicas ambientais ou (2) pela fixação de percentuais de gasto obrigatório para o orçamento público, tal como consta do texto constitucional para as despesas com saúde e educação. São dois caminhos diferentes para se garantir a destinação obrigatória da arrecadação tributária.

Na primeira hipótese, a vinculação diz respeito às receitas auferidas por meio de certos tributos. Tudo o que for arrecadado com determinada exação dever ser aplicado em políticas públicas de defesa do meio ambiente. Nesse caso, há que se ressalvar que a Constituição Federal veda a vinculação de receitas oriundas de impostos, no art. 167, IV, o que afastaria a principal espécie tributária dessa estratégia de tutela ambiental. Ficariam livres da vedação as taxas, a contribuição de melhoria e as contribuições especiais do art. 149 da Constituição Federal. No entanto, das três espécies de contribuição previstas no art. 149 da Constituição – sociais, de intervenção no domínio econômico e de interesse das categorias profissionais ou econômicas – apenas as contribuições de intervenção parecem compatíveis com o financiamento de programa de proteção ambiental. As demais têm escopos próprios, incompatíveis com o objetivo em questão.

A maior parte dos autores entende que o produto da arrecadação das taxas deve ficar vinculado à atividade estatal que deu causa a sua cobrança,[92] seja ela a prestação de serviço, seja o exercício de atividade típica de poder de polícia. Não caberia, então, às taxas financiar despesas gerais do Estado, tampouco a realização de políticas públicas de grande porte. Além do que, a receita gerada por essa exação normalmente não costuma atingir grande vulto, se comparada a de outras espécies tributárias (*e.g.* impostos).

Apesar disso, nada impede que se instituam taxas para financiar atividades específicas de relevância ambiental, o que compreende tanto o regular exercício de poder de polícia quanto a prestação de serviços públicos. É o caso, por exemplo, da cobrança de taxas relativas a licenciamento ambiental e demais atividades de fiscalização, bem como taxas pela prestação de serviços de limpeza ou recuperação ambiental. Sua instituição, contudo, não prescinde da observância do princípio da legalidade (art. 150, I, da Constituição) e do atendimento dos requisitos de especificidade e divisibilidade (art.145, II, da Constituição), além das demais balizas que compõem o sistema tributário.

Outra espécie tributária que também pode ser empregada como um mecanismo de atuação, em matéria ambiental, são as contribuições de melhoria. Apesar de pouco utilizado, o tributo pode desempenhar um importante papel no financiamento de obras que gerem mais-valia ambiental, como a construção de praças e parques, por exemplo. Seu

[92] Contra: Côelho, Sacha Calmon Navarro. *Curso de Direito Tributário Brasileiro.* 8ª ed. Rio de Janeiro: Forense, 2005, p. 496.

uso, contudo, não é muito frequente, e ainda mais raro em matéria ambiental.[93]

Tanto no caso das contribuições de melhoria quanto no das taxas, não nos parece que, normalmente, estejam em jogo verdadeiras normas tributárias indutoras em matéria ambiental. Embora as espécies não sejam incompatíveis com o uso extrafiscal – ou melhor, com a indução de comportamentos ecologicamente orientados – é mais comum que sejam utilizadas como instrumentos de arrecadação de receitas para o custeio de serviços ou obras que acarretem melhoria do meio ambiente. Logo, não é o tributo que, de fato, desempenha um papel ecológico, mas a atuação estatal que ele custeia. No caso, a vinculação seria vista como uma vantagem de seu emprego, porque impediria que o valor arrecadado com justificativas ambientalistas fosse empregado em outros gastos. Ainda assim, essas espécies tributárias não chegam a se mostrar incompatíveis com o uso das normas tributárias indutoras, como bem destaca Luís Eduardo Schoueri.[94]

Já no que se refere às contribuições de intervenção no domínio econômico, embora tenham sua receita afetada a uma finalidade, que pode ser ambiental, também podem ser eficientes como normas tributárias indutoras. Aliás, a criação de contribuições de intervenção no domínio econômico parece ser o caminho mais adequado para o uso do sistema tributário como meio de tutela do meio ambiente. Além da função de tributar atividades poluidoras, tratada anteriormente, é possível vincular o valor arrecadado ao favorecimento de atividades não poluidoras ou de melhoria ambiental.

O exemplo mais conhecido é o da CIDE-combustíveis, prevista no art. 177, § 4º, da Constituição e na Lei nº 10.636/02. Consoante o inciso II desse preceito constitucional, os recursos arrecadados com a contri-

[93] SCHOUERI, Luís Eduardo. *Normas Tributárias Indutoras e Intervenção Econômica.* Rio de Janeiro: Forense, 2005, p. 181 e 189. O autor vê com algumas ressalvas o uso da contribuição de melhoria: "A existência de uma obra pública e de uma melhoria são, entretanto, requisitos de que não se pode abrir mão para a cobrança do referido tributo. Assim, não parece possível, no sistema constitucional em vigor, o atendimento da sugestão de Fábio Nusdeo, o qual, no campo ambiental, propõe a possibilidade do emprego da contribuição de melhoria".

[94] SCHOUERI, Luís Eduardo. *Normas Tributárias Indutoras e Intervenção Econômica.* Rio de Janeiro: Forense, 2005, p. 181 e 189.

buição serão destinados a três objetivos: (1) ao pagamento de subsídios a preços ou transporte de álcool combustível, gás natural e seus derivados e derivados de petróleo; (2) ao financiamento de projetos ambientais relacionados com a indústria do petróleo e do gás e (3) ao financiamento de programas de infraestrutura de transportes.

O art. 4º da Lei nº 10.636/02, que dispõe sobre aplicação dos recursos originários da referida CIDE, especifica os projetos ambientais que podem ser financiados com recursos arrecadados por meio do tributo. São eles: (1) monitoramento, controle e fiscalização de atividades efetiva ou potencialmente poluidoras; (2) desenvolvimento de planos de contingência locais e regionais para situações de emergência; (3) desenvolvimento de estudos de avaliação e diagnóstico, bem como de ações de educação ambiental, em áreas ecologicamente sensíveis ou passíveis de impacto ambiental; (4) apoio ao desenvolvimento de instrumentos de planejamento e proteção de unidades de conservação costeiras, marinhas e de águas interiores; (5) fomento a projetos voltados para a preservação, revitalização e recuperação ambiental em áreas degradadas pelas atividades relacionadas à indústria de petróleo e de seus derivados e do gás e seus derivados; (6) fomento a projetos voltados à gestão, preservação e recuperação das florestas e dos recursos genéticos em áreas de influência de atividades relacionadas à indústria de petróleo e de seus derivados e do gás e seus derivados e (7) fomento a projetos voltados à produção de biocombustíveis, com foco na redução dos poluentes relacionados com a indústria de petróleo, gás natural e seus derivados.

Como se vê, a contribuição de intervenção no domínio econômico pode representar um importante instrumento fiscal de proteção do meio ambiente. Duas características, em especial, favorecem esse uso: sua hipótese de incidência não precisa estar vinculada a nenhuma atividade estatal e suas receitas podem ser especificamente direcionadas a programas de proteção ambiental. Em todo caso, convém destacar que se trata de espécie tributária restrita ao âmbito federal, na forma do art. 149 da Constituição Federal.

4.3.1. "ICMS Ecológico"

Outra hipótese que envolve a aplicação de receitas públicas diz respeito ao chamado "ICMS Ecológico". Nesse caso, não há propriamente vinculação de receitas como instrumento de efetivação do direito a um meio ambiente saudável, mas utilização de aspectos ambientais como critérios de repartição das receitas tributárias auferidas por meio do ICMS. Em rigor, não é o ICMS que é "ecológico". A regra-matriz desse imposto permanece intocada nos Estados que se valem desse instrumento. A repartição de receitas entre os Municípios é que se baseia em um "critério ecológico".

A Constituição Federal, no art. 158, IV, destina aos Municípios vinte e cinco por cento do produto da arrecadação do ICMS, distribuídos da seguinte forma: (I) três quartos, no mínimo, na proporção do valor adicionado nas operações relativas à circulação de mercadorias e nas prestações de serviços, realizadas em seus territórios, e (II) até um quarto, de acordo com o que dispuser lei estadual ou, no caso dos Territórios, lei federal. É nessa margem deixada para a atuação da legislação estadual que se situa o chamado "ICMS Ecológico".

Trata-se de considerar elementos de relevância socioambiental para distribuição do produto da arrecadação do ICMS entre os Municípios. A maior parte do ICMS arrecadado (75%) é distribuída entre esses entes na forma do art. 158, I, parágrafo único, da Constituição, com base no valor adicionado nas operações que desencadeiam a cobrança de ICMS. A distribuição dos 25% restantes pode observar outros critérios fixados pelos Estados-membros. E entre estes podem estar aspectos que levem em conta a realização de políticas públicas de cunho ambiental.

Tradicionalmente, poucos Estados se valiam dessa prerrogativa, consentindo uma lógica de repartição que privilegiava os Municípios que mais produziam riqueza econômica. Nos últimos anos, viram-se alguns sinais de mudança. Vários Estados têm adotado critérios ambientalmente relevantes para a repartição de receitas decorrentes do ICMS, de sorte que "cada município receberá um montante proporcional ao compromisso ambiental por ele assumido, o qual será incrementado conforme a melhoria da qualidade de vida da população", como explica Lise Tupiassu.[95]

[95] TUPIASSU, Lise Vieira da Costa. *Tributação Ambiental*: a utilização de instrumentos econômicos e fiscais na implementação do direito ao meio ambiente sustentável, Rio de Janeiro: Renovar, 2006, p. 197.

A ideia é que os Municípios sejam estimulados, pela promessa de mais recursos, a investir em preservação e melhoria de qualidade de vida da população ou, ao menos, compensados pelos resultados já alcançados nesse campo. Trata-se de um instrumento para remunerar a preservação ambiental por parte dos Municípios. "A preservação deixa, então, de ser um ônus, passando a ser um verdadeiro bônus, em todos os sentidos".[96] Tem-se, então, um caso de norma indutora, embora não inserida propriamente entre as normas tributárias.

Atualmente, mais da metade dos Estados brasileiros utiliza-se dessa estratégia de proteção ambiental.[97] No Estado do Rio de Janeiro, por exemplo, o ICMS ecológico foi instituído pela Lei Estadual nº 5.100/2007, "Lei de ICMS Verde", como é conhecida, e implantado de forma progressiva entre os anos de 2009 e 2011 (art. 2º da Lei Estadual nº 5.100/2007).

De acordo com o art. 2º, § 2º, da citada lei, os recursos por ela abarcados devem ser divididos com base em critérios de conservação ambiental previstos na legislação estadual, da seguinte forma: (1) área e efetiva implantação das unidades de conservação das Reservas Particulares do Patrimônio Natural – RPPN, conforme definidas no SNUC, e Áreas de Preservação Permanente – APP, 45%, sendo que desse percentual 20% serão computados para áreas criadas pelos municípios; (2) índice de qualidade ambiental dos recursos hídricos, 30% e (3) coleta e disposição adequada dos resíduos sólidos, 25%.

A rigor, nada impede que critérios condizentes com a preservação ambiental possam ser adotados também para repartição de outras receitas tributárias ou para divisão de fundos de compensação constitucionais, como é o caso do Fundo de Participação dos Estados (FFE) e do Fundo de Participação dos Municípios (FPM), desde que o legislador não se afaste do objetivo previsto no art. 161 da Constituição Federal.

[96] TUPIASSU, Lise Vieira da Costa. *Tributação Ambiental*: a utilização de instrumentos econômicos e fiscais na implementação do direito ao meio ambiente sustentável, Rio de Janeiro: Renovar, 2006, p. 206.

[97] Ver: http://www.icmsecologico.org.br.

4.4. Incentivos Fiscais em Matéria Ambiental

O quarto instrumento tributário de proteção ambiental que destacamos são os incentivos fiscais. Diferentemente da criação de novos impostos e da agravação dos já existentes, os incentivos fiscais não resultam em aumento da carga fiscal. Ao contrário, o mecanismo apresentaria dupla vantagem: desoneraria a iniciativa privada e engajaria o particular na tarefa de proteger o meio ambiente.

Para Terence Trennepohl, a criação de incentivos fiscais seria a proposta "mais viável", em sede de tributação ambiental. Além de ser passível de utilização por todos os entes políticos, "a via dos incentivos é cabível, sem necessidade de maiores digressões, em todas as espécies tributárias".[98] Também Alejandro Altamirano é seduzido pela mesma ideia. Para ele, uma política tributária ambiental que utiliza instrumentos econômicos para atenuação do impacto ambiental deve privilegiar os estímulos tributários e incentivos econômicos, em vez de impostos ou taxas. Por serem anteriores ou concomitantes aos atos de degradação, essas medidas seriam menos custosas do que corrigir o dano ambiental já efetivado.[99]

A mencionada eficácia preventiva traz a lume uma das diretrizes maiores do Direito Ambiental, que é o princípio da prevenção ou precaução. No Direito Ambiental, a prioridade deve ser dada às medidas que evitem comportamentos que atentem contra o meio ambiente, concentrando-se mais nas causas do que nas consequências, pois "a prevenção é a melhor, quando não a única solução".[100] E, para seus defensores, a atuação preventiva seria lograda pelos incentivos fiscais com maior êxito do que pelos demais instrumentos tributários.

A ênfase dos argumentos postos, entretanto, não pode esconder a outra face que os incentivos fiscais possuem – a renúncia de receita. Para o Estado, sua concessão vem normalmente associada a alguma perda de arrecadação, privando o Poder Público das receitas de que precisa para

[98] Trennepohl, Terence. *Incentivos Fiscais no Direito Ambiental.* São Paulo: Saraiva, 2008, p. 95.

[99] Altamirano, Alejandro C. El Derecho Constitucional a un ambiente sano, Derechos Humanos y su vinculación con el Derecho Tributario. *Revista Tributária e de Finanças Públicas.* São Paulo, ano 9, nº 40, set./out. 2001, p. 80.

[100] Milaré, Edis. *Direito do Ambiente*: doutrina, jurisprudência e glossário. 4ª ed., São Paulo: Revista dos Tribunais, 2005, p. 166.

custear sua estrutura e atuação, aí incluídas as próprias políticas públicas de cunho ambientalista. A perda deveria ser compensada pela função indutora que justifica sua utilização, tendo em vista, no caso, a proteção ambiental. Contudo, a dificuldade de apuração dos efeitos gerados pelos benefícios fiscais é notória.

4.4.1. Há um Conceito de Incentivo Fiscal?

A noção de incentivo fiscal nem sempre é posta com clareza na doutrina. Quando não confunde as definições de isenção e incentivo fiscal, a doutrina costuma defini-los como exonerações tributárias concedidas como instrumento de política econômica, para a geração de emprego e renda, principalmente. Há certa tendência de identificar incentivos e exonerações e de dar demasiada ênfase aos fins econômicos de sua instituição, restringindo-se essa definição tanto nos objetivos perseguidos quanto nos meios tributários adrede escolhidos para lográ-los.[101]

Dessa forma, restringe-se consideravelmente a definição de incentivos fiscais, tanto nos objetivos perseguidos quanto nos meios tributários adrede escolhidos para lográ-los, e desprezam-se outros objetivos culturais e sociais que podem ser perseguidos e alcançados por meios desses instrumentos.

Igualmente, não é incomum que a expressão "incentivo fiscal", ou seus sinônimos[102], seja utilizada para designar isenções extrafiscais, especialmente as concedidas como instrumento de política econômica. Tal uso não chega a ser equivocado. A isenção é a espécie mais corriqueira de incentivo fiscal, portanto, é natural que, na linguagem comum, seja tomada pelo todo, por um processo metonímico. Entretanto, se o que se busca é uma noção mais rigorosa do tema, como requer a "ciência",

[101] Ferreira, Pinto. *Comentários à Constituição Brasileira*. Vol. V (arts. 127 a 162). São Paulo: Saraiva, 1992, p. 365; Rojas, Andrés Serra. *Derecho Econômico*. 3ª ed. México: Porruá, 1993, p. 365; Catão, Marcos André Vinhas. *Regime Jurídico dos Incentivos Fiscais*. Rio de Janeiro: Renovar, 2004, p. 13; Diniz, Maria Helena. *Dicionário Jurídico*. V. 2 (D-I). São Paulo: Saraiva, 1998, p. 803.

[102] Por exemplo: "benefícios", "favores", "alívios", "estímulos", "desonerações" e "exonerações" tributárias e também "renúncia de receita", "gasto tributário" e "despesa fiscal". A respeito das diferenças entre as noções de "incentivo" e "renúncia", ver: Correia Neto, Celso de Barros. *O Avesso do Tributo*. 2ª ed. São Paulo: Almedina, 2016.

então, é preciso ir além dessa confusão e distinguir nitidamente o conjunto dos benefícios fiscais de uma de suas espécies, a isenção.[103]

O que há de comum entre as isenções extrafiscais e os estímulos fiscais é configurarem, alguns deles, modalidade de exoneração tributária, em sentido amplo, isto é, uma forma de reduzir ou eliminar a carga fiscal incidente sobre certo contribuinte ou atividade. A noção de incentivo fiscal parte sempre da ideia de que as normas tributárias, às vezes, configuram um obstáculo que impede ou inibe a realização de certa conduta. Por isso, em certos casos, convém deixar de lado, parcialmente, a tarefa de arrecadar, para que essas atividades se desenvolvam com maior liberdade e eficácia, em benefício de todos.[104] Daí se dizer também que os incentivos fiscais são uma exceção ao dever genérico de contribuir para as despesas estatais ou um desvio à regra tributária padrão.

Cabe, no entanto, destacar que nem toda forma de desoneração é modalidade de benefício fiscal. No sistema tributário, tanto a fiscalidade quanto a extrafiscalidade podem fundamentar a concessão de exonerações tributárias, cada qual por razões diversas ou mesmo opostas.[105] As exonerações ou reduções fiscais, concedidas com base no princípio da capacidade contributiva,[106] resultam do esforço de adequação do montante a ser pago à potencialidade econômica do contribuinte.[107] Não são, pois, propriamente exceções ao regime ordinário da tributação, a não ser no sentido de que criam uma "dispensa", uma situação peculiar, excepcionando o dever geral de pagamento. Configuram, antes,

[103] Carrazza, Roque Antonio. *ICMS.* 11ª ed. São Paulo: Malheiros, 2006, p. 420.

[104] Seixas Filho, Aurélio Pitanga. *Teoria e Prática das Isenções Tributárias.* 2ª ed. Rio de Janeiro, 2003, p. 121; Altamirano, Alejandro C., El Derecho Constitucional a un Ambiente sano, Derechos Humanos y su vinculación con el Derecho Tributario. *Revista Tributária e de Finanças Públicas.* São Paulo, ano 9, nº 40, set.-out. 2001, p. 82.

[105] Baleeiro, Aliomar. *Direito Tributário Brasileiro.* 9ª ed. Rio de Janeiro: Forense, 1977, p. 535.

[106] Por exemplo, a isenção no IR para os portadores de certas enfermidades.

[107] No Estatuto dos Benefícios Fiscais, de Portugal, os chamados "desagravamentos fiscais" estão divididos em "não sujeições tributárias" e "exclusões tributárias". Como espécie destas, os benefícios fiscais são definidos como "medidas de caráter excepcional instituídas para tutela de interesses públicos extrafiscais relevantes que sejam superiores aos da própria tributação que impedem". Nabais, José Casalta. *Direito Fiscal.* 2ª ed. Coimbra: Almedina, 2004, p. 408.

confirmação da norma jurídica que impõe a todos o dever de contribuir conforme seus haveres, nos termos do art. 145, § 1º, da Constituição Federal. São desonerações necessárias ou estruturais.

Já quando o fundamento é a extrafiscalidade, o contribuinte pode ser obrigado a pagar tributos em valores muito menores do que os que seriam devidos com base na capacidade contributiva, visto que esse deixa de ser o critério de quantificação. Exige-se apenas que o particular beneficiado colabore com outros objetivos estatais, definidos pela política fiscal adotada, nos termos da lei.

Como manifestação da extrafiscalidade, o benefício fiscal tem, de certo modo, o caráter de exceção.[108] Em princípio, a finalidade ordinária do tributo é fornecer ao Estado os recursos necessários para o exercício de suas competências, atuando de maneira neutra, equitativa e proporcional. Desse modo, ainda frequentes e necessários, os estímulos fiscais sempre representam uma situação excepcional no sistema tributário, porque inevitavelmente afastam a tributação da sua razão de ser, que é arrecadar. Isso não significa que consistam sempre em uma exoneração, esse não é um atributo indissociável dos incentivos fiscais. Mas, mesmo quando não exoneram, continuam a representar um desvio da estrutura normal da tributação, na medida em que conferem tratamento distinto a algumas atividades específicas, em detrimento de outras, que permanecem regidas pela regra geral. Tal característica exclui, desde logo, da definição os casos em que simplesmente não se institui o tributo, como acontece com o imposto sobre grandes fortunas, e a hipótese de nova lei impositiva que apenas ab-rogue lei anterior mais gravosa em benefício do contribuinte. Nessas hipóteses, não há benefício fiscal.

Afastando a tributação da finalidade que lhe é natural – arrecadar –, os incentivos permitem que o sistema tributário se abra à realização de outras diretrizes, constitucionalmente prestigiadas.[109] Entre elas, vale destacar: a valorização e difusão das manifestações culturais (art. 215), a proteção do meio ambiente, a prática de esportes (art. 217, *caput*),

[108] NABAIS, José Casalta. *O Dever Fundamental de Pagar Impostos*. Coimbra: Almedina, 2004, p. 641.

[109] TÔRRES, Heleno Taveira, Incentivos Fiscais na Constituição e o "Crédito-Prêmio de IPI". *Revista Fórum de Direito Tributário*. [s.l.], ano 3, nº, 14, p. 23-50, mar/abr. 2005, p. 28.

o desenvolvimento científico e tecnológico (art. 218), o incremento do turismo (art. 217) e a proteção à microempresa (art. 179).

A lista de atividades e objetivos que podem ser perseguidos coincide com os valores, metas e interesses públicos consagrados na Constituição, sobretudo nas chamadas "normas programáticas". Na prática, no entanto, é frequente a associação desses estímulos com a função econômica de reduzir desigualdades, desonerar a instalação de novas indústrias, gerar empregos e propiciar o desenvolvimento regional. Benefícios dessa ordem encontram fundamento, na Constituição, no art. 151, I, na parte em que se refere à promoção do equilíbrio do desenvolvimento socioeconômico entre as diferentes regiões do país, e no art. 174, *caput*, que menciona a função incentivadora do Estado, como forma de intervenção na economia.

Como instrumentos de direito promocional, os incentivos fiscais coligam o interesse privado ao público, beneficiando, com tratamento tributário diferenciado, as atividades que, embora particulares, realizem objetivos estatais ou de interesse público. Representam, dessa forma, a antítese dos agravamentos fiscais típicos da extrafiscalidade negativa, também chamada tributação penal, uma vez que não se empregam em desfavor do contribuinte.[110] Afinal, se é incentivo, então não pode ser agravação.

Há uma relação meio-fim entre os fins extrafiscais perseguidos – sociais, culturais e ecológicos – e os meios tributários predispostos a alcançá-los. O vínculo instala-se de maneira tal que o emprego dos estímulos fiscais deve, ao menos em tese, ter como resultado a promoção desses valores e interesses, por meio da conduta dos particulares. É nesse sentido que se afirma que os benefícios fiscais apresentam uma lógica semelhante à das despesas. A diferença está em que, em vez de o Estado arrecadar o tributo para depois empregar as receitas geradas em favor da comunidade, simplesmente deixa de cobrá-lo ou o faz de forma

[110] NOGUEIRA, Ruy Barbosa. Imposto sobre Produtos Industrializados: as Inconstitucionalidades, Ilegalidades e Invalidades das Disposições que criaram três alíquotas em relação ao Mesmo Fato Gerado, IN: SCHOUERI, Luis Eduardo; ZILVETI, Fernando Aurélio. *Direito Tributário:* estudos em homenagem a Brandão Machado. São Paulo: Dialética, 1998, p. 273.

menos gravosa para o constituinte, a fim de permitir que ele mesmo possa alcançar tais finalidades, sem a atuação estatal direta.[111]

4.4.2. Incentivos Fiscais *Lato Sensu* e *Stricto Sensu*

A nosso ver, a definição de incentivos não tem, necessariamente, de se ligar à redução ou eliminação da obrigação tributária. Há outras maneiras de empregar a tributação com finalidades promocionais, sem que se reduza a carga fiscal diretamente. Pode-se, por exemplo, permitir formas de pagamento mais vantajosas para o contribuinte, autorizando parcelamento de débitos ou concedendo prazos mais dilatados, ou, ainda, reduzir o número de obrigações acessórias que devem cumprir certos contribuintes. Decerto, medidas como essas podem representar um grande benefício para a atividade do particular. Então, por que não se pode enquadrá-las na definição de incentivo fiscal?[112]

Na verdade, embora haja traços comuns aos incentivos fiscais nos mais diversos ordenamentos, essa é uma definição jurídico-positiva. Suas características são contingentes, como as normas que os veiculam, e variam conforme o ordenamento jurídico pesquisado.[113] Tratar dos aspectos essenciais da definição de incentivo fiscal é, fundamentalmente, debruçar-se sobre certo ordenamento para verificar como nele está delineada a noção. No nosso caso, é examinar o ordenamento brasileiro.

[111] Catão, Marcos A. V. *Regime Jurídico dos Incentivos Fiscais.* Rio de Janeiro: Renovar, 2004, p. 31; Torres, Ricardo Lobo. *Curso de Direito Financeiro e Tributário.* 9ª ed. Rio de Janeiro: Renovar, 2002, p. 279.

[112] Guilherme W. d'Oliveira Martins defende posição assemelhada, ao afirmar que "Apesar de corporizarem, como modalidades técnicas, a causa de despesa fiscal, os benefícios fiscais nem sempre implicam a criação desta". Martins, Guilherme Waldermar d'Oliveira. *A Despesa Fiscal e o Orçamento do Estado no Ordenamento Jurídico Português.* Coimbra: Almedina, 2004, p. 93.

[113] Juan Manuel Terán divide os conceitos jurídicos em duas classes: conceitos jurídico-lógicos e conceitos jurídico-positivos. Nesta classe, inserem-se as definições que se baseiam no direito vigente em certo local e época e que são, por conseguinte, mutáveis, como as próprias normas jurídicas; naquela, estão as definições que provêm da lógica e que se aplicam a toda e qualquer ordem jurídica, em qualquer tempo, independentemente das variações do direito positivo. Terán, Juan Manuel. *Filosofía del Derecho.* 14ª ed. México: Porrúa, 1998, p. 81-86.

Na Constituição Federal de 1988 e na legislação brasileira vigente, podemos observar que a noção de incentivo fiscal é utilizada com conotações diversas. Algumas vezes, usa-se a expressão em sentido amplo, para designar quaisquer normas de direito tributário que excepcionem regras ordinárias de tributação, a fim de favorecer atividades privadas consentâneas ao interesse público. Nessa definição, estariam compreendidas não só as modalidades de exoneração tributária, mas também outras formas de favorecimento do contribuinte que não diminuem a carga fiscal, como o parcelamento e a ampliação do prazo de pagamento do tributo, mencionado, por exemplo, no art. 10 da LC nº 24/75.

Numa segunda acepção, menos ampla, definem-se incentivos fiscais como normas de direito tributário que reduzem a carga fiscal, mediante alteração da regra-matriz ou da obrigação principal, a fim de favorecer atividades privadas consentâneas ao interesse público. Nesse caso, apenas as formas de exoneração ou redução tributária, concedidas com base na extrafiscalidade, poderiam ser consideradas verdadeiros incentivos fiscais.

Em qualquer dos dois sentidos, a noção de incentivo fiscal deve reunir todas as características antes alinhavadas. A única diferença entre uma e outra definição é o mecanismo de favorecimento tributário de que se vale o legislador. Enquanto na primeira acepção (sentido amplo), compreende-se qualquer forma de derrogação na lei tributária posta em favor do contribuinte, com o fim de induzir comportamentos, na segunda (sentido restrito), somente são levados em consideração instrumentos que ensejem redução da carga fiscal, tais como a isenção e a redução de alíquota ou base de cálculo.

4.4.3. Exemplos de Incentivo Fiscal em Matéria Ambiental

Em sede de tutela ambiental, o tratamento tributário diferenciado justifica-se pela importância que a atividade tem na defesa do meio ambiente. O mais comum é o uso de incentivos fiscais *stricto sensu*, isto é, incentivos que implique diminuição da carga tributária.

A ideia é que essa forma de estímulo possa privilegiar atividades não poluidoras, bem como o desenvolvimento de tecnologias limpas, que eliminem ou reduzam a emissão de poluentes. É claro que, nessas hipóteses, pressupõe-se a existência de diversos agentes econômicos atuando em regime de concorrência, de tal sorte que aqueles que invistam em técnicas sustentáveis tenham vantagem concorrencial, em virtude do tratamento tributário diferenciado. Em regimes de monopólio, é difícil observar-se a mesma eficácia, uma vez que o custo do tributo, com ou sem incentivo, será repassado integralmente para o consumidor.

No Brasil, a concessão de incentivos fiscais tem se mostrado frequente em matéria ambiental. Há exemplos de sua utilização nos três níveis de governo em diferentes impostos.

No âmbito federal, em matéria de Imposto de Renda (IR), a Lei nº 5.106/66 permitia às pessoas físicas "abater da renda bruta as importâncias comprovadamente aplicadas em florestamento ou reflorestamento e relativas ao ano-base do exercício financeiro em que o imposto for devido", conforme consta do seu art. 1º, § 1º. A previsão foi revogada pelo Decreto-Lei nº 1.338, de 1974. A Lei nº 9.532/97 não traz disposição equivalente. Há, no entanto, diversos projetos em tramitação no Congresso Nacional que propõem alterações na legislação do Imposto de Renda, visando à concessão de incentivos fiscais para estimular a proteção do meio ambiente.[114]

Em matéria de Imposto Territorial Rural (ITR), a Lei nº 9.393/96 determina que, na apuração do valor da terra nua, base de cálculo do imposto, excluam-se as florestas plantadas (art. 10, §1º, I, "a"). A mesma lei também prevê que a área tributável para fins de cobrança do ITR exclua as áreas de interesse ecológico para a proteção dos ecossistemas, assim declaradas mediante ato do órgão competente, federal ou estadual (art. 10, § 1º, II, "b"), e as áreas cobertas por florestas nativas, primárias ou secundárias, em estágio médio ou avançado de regeneração (art. 10, §1º, II, "e"). Na mesma linha, a Lei nº 5.868/72 já previa a isenção do imposto para as florestas em regime de conservação permanente, bem como as florestas plantadas para fins de exploração madeireira, como essências nativas (art. 5º, I e II).

O Decreto nº 755/1993, que estabelece as alíquotas do Imposto sobre Produtos Industrializados (IPI), fixou alíquotas menores para veículos automotores movidos a álcool do que as que estabeleceu para os movidos à gasolina. Como se sabe, a disposição do art. 153, § 1º, da Constituição Federal autoriza o Poder Executivo a alterar as alíquotas, atendidas

[114] Cf. Paiva, Paulo Alves da Silva. *Tributação e Meio Ambiente*: a tributação como instrumento de proteção ambiental. Porto Alegre: Sergio Fabris Editor, 2013, p. 109-110.

as condições e os limites estabelecidos em lei. E a regra do § 3º do mesmo artigo determina que o IPI "será seletivo, em função da essencialidade do produto". O fator ambiental pode, decerto, justificar alíquotas mais leves ou mais gravosas nesse imposto.

No âmbito dos Estados, a concessão de incentivos fiscais em matéria de ICMS encontra obstáculo no regramento nacional que se aplica ao tributo. É preciso deliberação unânime de todos os Estados, reunidos no CONFAZ, para que o benefício possa ser concedido validamente, nos termos do que dispõe a Lei Complementar nº 24/75. Observado esse procedimento, nada impede que a legislação do ICMS sirva também ao escopo de proteção ambiental. A falta de convênio celebrado no âmbito do CONFAZ, por outro lado, invalida o benefício fiscal concedido.

Um bom exemplo está na Lei nº 3.135/2007, do Estado do Amazonas, que dispõe sobre "Política Estadual sobre Mudanças Climáticas, Conservação Ambiental e Desenvolvimento Sustentável do Amazonas". Consta no art. 15 da lei o seguinte:

> Art. 15. Fica o Poder Executivo autorizado a conceder, na forma e condições que estabelecer:
>
> I – diferimento, redução da base de cálculo, isenção, crédito outorgado e outros incentivos fiscais relativos ao ICMS, nas seguintes operações:
>
> a) com biodigestores que contribuam para a redução da emissão de gases de efeito estufa;
>
> b) com metanol, inclusive insumos industriais e produtos secundários empregados na sua produção, destinado ao processo produtivo de biodiesel;
>
> c) com biodiesel, inclusive insumos industriais e produtos secundários empregados na sua produção;
>
> d) de geração de energia baseada em queima de lixo;
>
> e) realizadas pelas sociedades empresárias que se dediquem exclusivamente ao ecoturismo, que tenham práticas ambientais corretas e que instituam programa de educação ambiental em mudanças climáticas por intermédio de estrutura de hospedagem, observada a quantidade de leitos prevista em regulamento e desde que localizada fora das zonas urbanas; [...]

Em contrapartida, o art. 16 da mesma lei determina o "aumento da carga tributária, mediante a redução ou revogação de benefício fiscal, na forma de regulamento, na aquisição de motosserras" e também na hipótese de "prática de quaisquer atos que impliquem o descumprimento da política instituída por esta lei".

Em se tratando de IPVA, a permissão contida no art. 155, § 6º, II, da Constituição abre expressamente espaço para o uso extrafiscal desse imposto em matéria ambiental, ao determinar que "poderá ter alíquotas diferenciadas em função do tipo e utilização". Exonerações concedidas no âmbito desses impostos podem favorecer o uso de novas tecnologias e aprimoramentos capazes, por exemplo, de reduzir a emissão de poluentes na atmosfera. Vejamos alguns exemplos na legislação estadual.

Além de incentivos fiscais em matéria de ICMS, a Lei nº 3.135/2007, do Estado do Amazonas, aqui já citada, também oferece um exemplo de incentivo fiscal em matéria de IPVA no inciso II do art. 15:

> Art. 15. Fica o Poder Executivo autorizado a conceder, na forma e condições que estabelecer: [...]
>
> II – benefícios de redução de base de cálculo ou isenção relativos ao IPVA, nos seguintes casos:
>
> a) veículo que, mediante a adoção de sistemas ou tecnologias, comprovadamente reduzam, no mínimo, percentual definido em regulamento aplicado sobre suas emissões de gases de efeito estufa;
>
> b) veículo que, mediante substituição do combustível utilizado por gás ou biodiesel, reduza, no mínimo, percentual definido em regulamento aplicado sobre suas emissões de gases de efeito estufa.

Na mesma linha, o Estado de São Paulo também dá tratamento diferenciado aos veículos conforme o tipo de combustível utilizado. O art. 9º da Lei nº 13.926/2008 estabelece as alíquotas de 3% para veículos que utilizarem motor especificado para funcionar, exclusivamente, com álcool, gás natural veicular ou eletricidade, ainda que combinados entre si, e de 4% para os que utilizem gasolina ou óleo diesel.

Além do Amazonas e de São Paulo, diversos outros Estados também conferem tratamento legal diferenciado na cobrança de IPVA com base no tipo de combustível utilizado pelo veículo. Minas Gerais reduz em 30% a base de cálculo do imposto no caso dos veículos movidos exclusivamente a álcool etílico hidratado combustível (art. 7º, § 6º, da Lei nº 14.937/2003). Piauí (Lei nº 4.548/1992, art. 5º, VIII), Maranhão (Lei nº 5.594/1992, art. 9º, XI), Ceará (Lei nº 12.023/1992, art. 4º, IX) e Sergipe (Lei nº 3.387/1992, art. 4º, XI) isentam veículos movidos a motor elétrico.[115]

A legislação municipal também é repleta de casos de incentivo fiscal em matéria ambiental. Cite-se, por exemplo, a Lei nº 5.428/99, do Município de Guarulhos, em São Paulo, que concede benefícios fiscais em matéria de ISS e IPTU aos empresários que façam investimentos em obras de infraestrutura urbana, equipamentos comunitários e meio ambiente. Na mesma linha, a Lei nº 691/84, do Município do Rio de Janeiro, isenta do pagamento de IPTU imóveis de interesse ecológico, áreas declaradas pelo Poder Público como reserva florestal e os terrenos com área acima de 10.000 m^2 cobertos por florestas.

No que se refere ao Imposto Predial e Territorial Urbano (IPTU), é cada vez mais comum nos municípios brasileiros a concessão de benefícios fiscais orientados à proteção ambiental. O denominado "IPTU Verde" já é realidade em várias cidades. No município de Salvador (BA), por exemplo, a Lei nº 8.474/2013 estabelece desconto de 10% para proprietários de imóveis residenciais e não residenciais que adotem medidas que estimulem a proteção, preservação e recuperação do meio ambiente, na forma e nas condições estabelecidas em regulamento. A matéria é regulamentada pelo Decreto nº 25.889/2015.

A Lei Complementar nº 235/2012, de Goiânia (GO), institui o "Programa IPTU Verde", com o objetivo de fomentar as ações que promovam o ideário de Cidade Sustentável, por meio de concessão de benefícios tributários na forma de descontos no IPTU. Os descontos variam entre 2% e 3% do imposto devido e aplicam-se às seguintes situações: (1) captação e reutilização de águas pluviais ou oriundas de outras fontes; (2) sistema de aquecimento hidráulico solar; (3) sistema de aquecimento elétrico solar; (4) construção de calçadas ecológicas; (5) arborização no calçamento; (6) permeabilidade do solo com cobertura vegetal; (7) participação da coleta seletiva de resíduos sólidos em condomínios; (8) construções com material sustentável; (9) instalação de telhado verde, em todos os telhados disponíveis no imóvel para esse tipo de cobertura; e (10) sistema de utilização de energia eólica.

[115] Cf. PAIVA, Paulo Alves da Silva. *Tributação e Meio Ambiente*: a tributação como instrumento de proteção ambiental. Porto Alegre: Sergio Fabris Ed., 2013, p. 124.

Em Curitiba (PR), a Lei nº 9.806/2000 (art. 10) estabelece hipóteses de isenção e redução de base de cálculo para proprietários ou possuidores de terrenos nas áreas e nos casos que especifica. Em se tratando de imóveis em áreas atingidas por bosque nativo relevante, assim definido na lei local, com cobertura florestada acima de 70%, a isenção do imposto é total.

Os três exemplos citados indicam uma tendência que se nota em diversos municípios do país no sentido de conceder, na legislação do imposto predial, medidas de incentivo à preservação e melhoria do meio ambiente urbano. Além dos municípios já mencionados, também contam com legislação nesse sentido: Vila Velha (ES), Lei nº 4.864/2009; São Carlos (SP), Lei nº 13.692/2005; Colatina (ES), Lei nº 4537/1999; Americana (SP), Lei nº 4448/2007; Campos do Jordão (SP), Lei nº 3.157/2008; Barretos (SP), Lei Complementar nº 122/2009, entre outros.

A rigor, como já dissemos, todos os impostos têm, em princípio, espaço para seu uso extrafiscal em matéria ambiental. A diferença está no campo em que podem atuar e nos efeitos concretos que podem ser alcançados. As leis são citadas aqui apenas a título exemplificativo. O legislador tem considerável margem de liberdade criativa na matéria.

5. Taxas Ambientais – Exemplos na Legislação em Vigor

Entre as várias possibilidades de uso ambiental da tributação aqui apontadas – *e.g.* tributos verdes, benefícios fiscais, agravamentos – a que se tem empregado com mais frequência na legislação tributária brasileira é a instituição de "taxas ambientais".

Com a expressão, tomada aqui em sentido amplo, queremos designar as diferentes taxas instituídas com o objetivo de financiar serviços ambientais ou exercício do poder de polícia relativo à fiscalização ambiental, o que abarca uma vasta gama de ações: licenciamento ambiental, controle de atividades potencialmente poluidoras, fiscalização do uso de recursos naturais, etc.

São muitos os exemplos de taxas instituídas para custear atividades de fiscalização ambiental, no Brasil, tanto no âmbito da União quanto no âmbito dos Estados e dos Municípios. Na esfera federal, vigora, atualmente, a Taxa de Controle e Fiscalização Ambiental (TCFA), instituída pela Lei nº 10.165/2000, que modificou a Lei nº 6.938/1981 (Política Nacional do Meio Ambiente). O tributo veio em substituição à Taxa de Fiscalização Ambiental (TFA), instituída pela Lei nº 9.960/2000, cuja eficácia foi suspensa no julgamento da ADI-MC 2178, de relatoria do Ministro Ilmar Galvão, abaixo analisado.[116]

A taxa instituída pela Lei nº 10.165/2000 tem como fato gerador o exercício regular do poder de polícia conferido ao Instituto Brasileiro do Meio Ambiente e dos Recursos Naturais Renováveis (IBAMA) para controle e fiscalização das atividades potencialmente poluidoras e utilizadoras de recursos naturais. A exação teve sua constitucionalidade reconhecida pelo Supremo Tribunal Federal no julgamento do RE 416.601, de relatoria do Ministro Carlos Velloso.[117]

Muitos Estados-membros também instituíram taxas de fiscalização ambiental. Minas Gerais, por exemplo, editou a Lei nº 14.940/2003, que institui a Taxa de Controle e Fiscalização Ambiental do Estado de Minas Gerais (TFAMG), posteriormente alterada pela Lei nº 17.608/2008. A taxa é devida pelo exercício regular do poder de polícia conferido à Fundação Estadual do Meio Ambiente FEAM e ao Instituto Estadual de Florestas IEF para fiscalização de atividades tidas como potencialmente poluidoras ou que utilizem recursos naturais de maneira especialmente gravosa.

Santa Catarina estabeleceu, na Lei nº 14.262/2007, a taxa de prestação de serviços ambientais, que tem como fato gerador o exercício do poder de polícia ou a prestação de serviços pela Fundação do Meio Ambiente (FATMA) daquele Estado. O tributo é devido pela análise prévia de licenças ambientais, análise de estudos de impacto ambiental, autorização de corte de vegetação, autorização para tratamento ou disposição de resíduos, pareceres técnicos e outras atividades de acordo com a legislação ambiental daquele ente.

Em São Paulo, a Lei nº 14.626/2011 institui o cadastro técnico estadual de atividades potencialmente poluidoras ou utilizadoras de

[116] Brasil. Supremo Tribunal Federal. *Medida Cautelar na Ação Direta de Inconstitucionalidade nº 2.178*. Relator Ministro Ilmar Galvão. Tribunal Pleno. DJ 12.5.2000.

[117] Brasil. Supremo Tribunal Federal. *Recurso Extraordinário nº 416.601*. Relator Ministro Carlos Velloso. DJ 30.9.2005.

recursos ambientais. O art. 4º da lei estabelece a "Taxa de Controle e Fiscalização Ambiental do Estado de São Paulo – Taxa Ambiental Estadual". O fato gerador é o exercício regular do poder de polícia conferido ao Estado para o controle e fiscalização das atividades potencialmente poluidoras, capazes de causar degradação ambiental ou utilizadoras de recursos ambientais.

Há taxas de natureza semelhante também na legislação municipal, embora menos comuns do que as estaduais. Florianópolis (SC), por exemplo, estabeleceu, na Lei Complementar nº 545/2015, a Taxa de Licenciamento Ambiental Municipal (TLAM), que tem como fato gerador os serviços de licenciamento ambiental prestados pela Fundação Municipal do Meio Ambiente (FLORAM), descritos e valorados de acordo com o potencial poluidor/degradador e o porte do empreendimento (art. 1º).

Na mesma linha, a legislação de Recife (PE) prevê a cobrança de taxa de licenciamento ambiental na Lei nº 17.171/2005, relativa ao prévio licenciamento do órgão de gestão ambiental municipal para os empreendimentos e as atividades referidas na lei local.

A lista é evidentemente apenas exemplificativa, e existem consideráveis diferenças na estrutura das taxas cobradas pelos diversos entes municipais. Resta em comum terem como fato gerador uma atividade estatal de relevância ambiental, consubstanciada na prestação de um serviço público ou o exercício de poder de polícia.

A criação desse tipo de tributo tornou-se mais usual após a edição da Lei Complementar nº 140, de 2011, que regulamenta o disposto no art. 23 da Constituição Federal. A lei trata da cooperação entre a União, os Estados, o Distrito Federal e os Municípios nas ações administrativas decorrentes do exercício da competência comum relativas à proteção das paisagens naturais notáveis, à proteção do meio ambiente, ao combate à poluição em qualquer de suas formas e à preservação das florestas, da fauna e da flora.

A fim de coibir os conflitos e as sobreposições tão comuns nesse campo, o art. 13 da LC 140/2001 determina que os "empreendimentos e atividades são licenciados ou autorizados, ambientalmente, por um único ente federativo, em conformidade com as atribuições estabelecidas nos termos desta Lei Complementar". Quanto ao valor das taxas, o § 3º do mesmo artigo estabelece que "Os valores alusivos às taxas de licenciamento ambiental e outros serviços afins devem guardar relação de proporcionalidade com o custo e a complexidade do serviço prestado pelo ente federativo".

Além dessas, alguns municípios do país cobram também taxas de fiscalização de anúncios ou de outras formas de publicidade urbana de mesma natureza. Trata-se de tributo destinado a custear o exercício de poder de polícia relativo à fiscalização da poluição visual urbana. É o caso, por exemplo, de Belo Horizonte (MG). A Lei municipal nº 5.641/89 estabelecia, em sua redação original, a "Taxa de Fiscalização de Anúncios", que tinha como fato gerador a fiscalização exercida pelo Município sobre a utilização e a exploração de anúncio (art. 9º). A exação fundamentava-se no exercício de poder de polícia do Município concernente à utilização de seus bens públicos de uso comum, à estética urbana, bem como à segurança e à tranquilidade públicas. A Lei nº 8.725/2003 alterou a disposição para instituir a "Taxa de Fiscalização de Engenhos de Publicidade" (TFEP), de natureza e escopo semelhantes.

6. Tributação Ambiental e o Supremo Tribunal Federal

À medida que instrumentos fiscais de proteção ambiental deixam de ser apenas uma possibilidade teórica e passam a contar com previsão específica na legislação brasileira em vigor, o tema ganha também, cada vez mais, espaço no Judiciário e, em especial, na pauta do Supremo Tribunal Federal.

Nos precedentes do Supremo Tribunal Federal, as controvérsias relativas à tributação ambiental são suscitadas tanto pela via da ação direta – *e.g.* ADI 2247 – quanto por meio do controle difuso, especialmente em recurso extraordinário – *e.g.* RE 416.601. Os principais julgados sobre a matéria dizem respeito a taxas destinadas a custear o exercício de poder de polícia relativo ao controle e à fiscalização ambiental. São eles, em ordem de julgamento: (1) ADI 1.823, rel. Min. Ilmar Galvão, DJ 16.10.1998; (2) ADI-MC 1982, rel. Min. Maurício Corrêa DJ 15.4.1999; (3) ADI-MC 2.178, rel. Min. Ilmar Galvão, DJ 12.5.2000; (4) ADI-MC 2.247, rel. Min. Ilmar Galvão, DJ 10.11.2000; e (5) RE 416.601, rel. Min. Carlos Velloso, DJ 10.8.2005.

Embora esse conjunto de casos não seja exaustivo, oferece uma visão geral dos mais importantes precedentes que cuidam do tema da tributação ambiental e apresenta as principais diretrizes fixadas na jurisprudência do STF acerca da matéria, notadamente no que se refere às taxas editadas nesse campo.

Na ADI 1.823, proposta pela Confederação Nacional da Indústria (CNI), impugnava-se a constitucionalidade de dispositivos de Portaria do IBAMA – arts. 5º; 8º; 9º; 10; 13, § 1º; e 14 da Portaria nº 113, de 25.09.97 – que autorizava a instituição de taxa para registro de pessoas físicas e jurídicas no Cadastro Técnico Federal de Atividades Potencialmente Poluidoras ou Utilizadoras de Recursos Ambientais. A cautelar foi deferida pelo Tribunal com fundamento na ofensa ao princípio da legalidade estrita, que exige lei em sentido formal para instituir tributos e também para estabelecer punições.

Após o deferimento da cautelar, o Congresso Nacional editou a Lei 10.165/00, que instituiu a Taxa de Controle e Fiscalização Ambiental (TCFA). A Portaria Normativa 113/97 foi revogada e a ação extinta sem julgamento de mérito.

A ADI 1.982 também foi proposta pela Confederação Nacional da Indústria (CNI). Dessa vez, o objeto eram Portarias do Presidente do IBAMA – Portarias nº 31-N, de 12.03.99, e nº 33, de 18.03.99. Argumentava-se que tais atos normativos também teriam instituído taxa por ato infralegal, violando, portanto, o princípio da legalidade tributária.

Na mesma linha do decidido na ADI 1.823, o Tribunal deferiu o pedido de medida cautelar para suspender a eficácia dos atos impugnados. Nessa oportunidade assentou que "Só a lei pode instituir taxas a serem cobradas por contraprestação de serviços ou em razão do exercício do poder de polícia, a teor do que dispõem os artigos 145, II, e 150, I, da Constituição". O mérito da ação, no entanto, não chegou a ser julgado, tendo em vista a revogação das Portarias impugnadas.

A terceira ação aqui mencionada, a ADI 2.178, tem em comum com as duas anteriores o requerente e, até certo ponto, o objeto. Também foi proposta pela Confederação Nacional da Indústria (CNI) para discutir a constitucionalidade de ato normativo que instituía Taxa de Fiscalização Ambiental (TFA). Nesse caso, no entanto, não estava novamente em questão a validade de ato infralegal. Discutia-se a constitucionalidade do art. 8º da Lei nº 9.960/2000, que alterou a Lei nº 6.938/81 para instituir a referida taxa.

A medida cautelar foi deferida com base em três fundamentos. Primeiro, inadequação do fato gerador descrito em lei à espécie tributária em questão, visto que a taxa incidiria sobre o exercício das atividades econômicas exploradas pelo contribuinte, à maneira de um imposto, e não sobre a prestação de serviços pelo Estado ou o exercício de poder de polícia. Segundo, a forma imprecisa como a lei definiu (art. 17-B, § 2º, introduzido pelo art. 8º da lei) os sujeitos passivos da exação: "as pessoas físicas ou jurídicas obrigadas ao registro no Cadastro Técnico Federal de Atividades Potencialmente Poluidoras ou Utilizadoras de Recursos Ambientais", sem, no entanto, definir quais sentiriam tais atividades. Terceiro, a falta de previsão, na lei, da alíquota e da base de cálculo do tributo, que foi estabelecido em valores uniformes, conforme a classe de contribuinte, em ofensa ao princípio da isonomia. Também nesse caso a ação foi julgada prejudicada por conta da alteração (revogação) dos dispositivos impugnados.

No julgamento da ADI 2.247, novamente o Tribunal é instado a se manifestar sobre taxa instituída sem lei. E, mais uma vez, a ofensa ao princípio da legalidade serviu de fundamento para o deferimento de medida cautelar requerida na ação direta. A ação foi proposta pela Confederação Nacional da Indústria (CNI), como as anteriores, e tinha por objeto o item 5.4 do anexo I da Portaria nº 62, de 20.3.2000. O ato estabelecia os preços devidos em razão das inspeções realizadas pelo IBAMA em relação a exportações e importações de produtos da indústria pesqueira. Entendeu o Tribunal que se tratava de verdadeira taxa pelo exercício do poder de polícia sem a necessária edição de lei, em franca ofensa ao princípio da legalidade.

O último caso mencionado é o RE 416.601, de relatoria do Ministro Carlos Velloso, certamente o mais importante precedente recente do STF em matéria de tributação ambiental. Discutia-se, no caso, a constitucionalidade da Taxa de Controle e Fiscalização Ambiental (TCFA) do IBAMA, prevista na Lei nº 6.938/1981, alterada pela Lei nº 10.165/2000 (arts. 17-B, 17-C, 17-D e 17-G).

A lei prevê como fato gerador da TCFA "o exercício das atividades mencionadas no inciso II do art. 17 desta Lei, com a redação dada pela Lei nº 7.804, de 18 de julho de 1989" (art. 17-B, § 1º). São sujeitos passivos da exação "as pessoas físicas ou jurídicas obrigadas ao registro no Cadastro Técnico Federal de Atividades Potencialmente Poluidoras ou

Utilizadoras de Recursos Ambientais", constantes do anexo da lei (art. 17-B, § 2º).

Contra a validade da cobrança, apresentou o recorrente, em síntese, quatro argumentos. Primeiro, ofensa ao art. 23, parágrafo único, da Constituição, por entender que a competência para fiscalização caberia apenas aos órgãos estaduais, não ao IBAMA. Segundo, afronta ao art. 145, II, pela falta do exercício efetivo do poder de polícia. Terceiro, desrespeito ao art. 154, I, e 167, IV, uma vez que o tributo em questão teria, na verdade, a natureza de imposto, porque destinado ao custeio de atividade geral de fiscalização. Quarto, ocorrência de dupla tributação, tendo em vista que a mesma atividade de fiscalização seria remunerada por taxa federal e também estadual.

Diferentemente dos demais julgamentos citados, dessa vez, o Tribunal não declarou a inconstitucionalidade da norma impugnada ou suspendeu seus efeitos. Ao contrário, negou provimento ao recurso do contribuinte e reconheceu a validade dos dispositivos em questão. A Lei 10.165/00 teria, finalmente, superado os vícios de inconstitucionalidade constatados nos julgamentos anteriores. Adotou-se, enfim, o instrumento normativo adequado, a lei, diversamente do que se viu nas ADIs 2.247, 1.982 e 1.823, e foram corrigidos os defeitos constatados na ADI 2.178. Estruturou-se adequadamente o fato gerador do tributo, definiu-se com precisão o sujeito passivo e adotaram-se critérios adequados para o cálculo do tributo.

A nova taxa, estabelecida pela Lei 10.165/00, tem como fato gerador uma atividade do Poder Público, a saber, "o exercício regular do poder de polícia conferido ao Instituto Brasileiro do Meio Ambiente e dos Recursos Naturais Renováveis – Ibama para controle e fiscalização das atividades potencialmente poluidoras e utilizadoras de recursos naturais", nos termos do art. 17-B. O sujeito passivo da exação consta do art. 17-C, que remete ao anexo VIII da lei. Ali, estão descritas 22 categorias de atividades potencialmente poluidoras e utilizadoras de recursos ambientais – duas delas objeto de veto presidencial – com graus diferentes de potencial poluidor.

O valor do tributo varia em função do potencial de poluição e do grau de utilização dos recursos naturais, que pode ser pequeno, médio ou alto, e também leva em conta a expressão econômica do sujeito passivo, conforme se trate de microempresas, empresas de pequeno porte, empresas de médio porte ou empresas de grande porte. Supera-se, dessa forma, o vício apontado pelo STF na lei anterior, que estabelecia valores uniformes por classe de contribuinte. Merece atenção o fato de o Tribunal ter acolhido o elemento ambiental – isto é, potencial de poluição e do grau de utilização dos recursos naturais – como critério válido para graduação do valor da taxa.

Embora a maior parte dos casos examinados pelo STF, em matéria de tributação ambiental, diga respeito a taxas, há também julgados que tocam, direta ou indiretamente, o tema em relação a outras espécies tributárias, especialmente os impostos. No RE 236.931, rel. Min. Maurício Corrêa, por exemplo, o Tribunal examinou a constitucionalidade da Lei paulista nº 6.606/89, com as alterações promovidas pelas Leis nº 7.002/90 e nº 7.644/91, que estabelecia a diversidade de alíquotas para o IPVA em razão da natureza do combustível (álcool e gasolina) consumido pelo veículo. A decisão assentou a constitucionalidade da diferenciação, mesmo antes da edição da EC 42/2003, ao fundamento de que a falta de normas gerais sobre o imposto conferia aos Estados e ao Distrito Federal competência legislativa plena na matéria, na forma do art. 24, § 3º, da Constituição.

A análise da sequência de julgamentos a propósito da constitucionalidade de exações ambientais parece oferecer, ao menos, duas diretrizes: indica que o STF admite como válido o uso dos tributos ambientais, particularmente das taxas para fiscalização de atividades econômicas potencialmente poluidoras, desde que respeitados os princípios constitucionais tributários, e, no tocante às taxas ambientais, aponta claramente no sentido do aperfeiçoamento da legislação federal com base nas decisões proferidas pelo Supremo Tribunal Federal.

7. Conclusão: o papel dos instrumentos fiscais na proteção ambiental

É de se presumir que a legislação tributária não servirá como solução única e definitiva para todas as questões ambientais. Nenhum instrumento jurídico tem esse condão, isoladamente, tampouco o tributo. Ainda assim, o sistema tributário pode ser um importante aliado nessa batalha.

O percurso até aqui percorrido nos permite visualizar as diferentes estratégias legislativas que podem ser empregadas no âmbito da legislação tributária com o objetivo de favorecer a proteção ambiental.

Chamamos genericamente esses diversos caminhos de "instrumentos fiscais de proteção ambiental", expressão que serve para abarcar tanto mecanismos tipicamente enquadrados no âmbito do Direito Tributário – *e.g.* criação de novos tributos ou concessão de incentivos fiscais – quanto outros situados no âmbito do Direito Financeiro – *e.g.* ICMS ecológico –, de acordo com a fórmula tradicional de separação desses dois ramos jurídicos.

São estes os principais instrumentos: (1) instituição de tributos sobre atividades poluidoras; (2) agravamento de tributos com base em critérios ambientalmente orientados; (3) incentivos fiscais para atividades menos poluidoras; (4) vinculação de receitas tributárias a programas de proteção do meio ambiente e (5) repartição de receitas com base em critérios ecológicos.

As particularidades de cada instituto tributário fazem com que sua utilização tenha de ser cuidadosamente sopesada, considerando-se, de um lado, as restrições legais ao seu emprego e, de outro, os efeitos econômicos e ambientais que são capazes de gerar. Todos eles trazem para dentro do sistema tributário a preocupação e fazem ver que o tributo nunca é propriamente um instrumento neutro.

A Interpretação da Lei Tributária

"Depois de ler a carta, Fradique Mendes abriu os braços, num gesto desolado e risonho, implorando a misericórdia de Vidigal. Tratava-se, como sempre, da Alfândega, fonte perene das suas amarguras! Agora tinha lá encalhado um caixote, contendo uma múmia egípcia...

– Uma múmia?...

Sim, perfeitamente, uma múmia histórica, o corpo verídico e venerável de Pentaour, escriba ritual do templo de Amnon em Tebas, o cronista de Ramsés II. Mandara-o vir de Paris para dar a uma senhora da Legação de Inglaterra, Lady Ross, sua amiga de Atenas, que em plena frescura e plena ventura, coleccionava antiguidades funerárias do Egipto e da Assiria... Mas, apesar de esforços sagazes, não conseguia arrancar o defunto letrado dos armazéns da Alfândega que ele enchera de confusão e de horror. Logo na primeira tarde, quando Pentaour desembarcara, enfaixado dentro do seu caixão a Alfândega, aterrada, avisou a polícia. Depois, calmadas as desconfianças dum crime, surgira uma insuperável dificuldade: – que artigo da pauta se poderia aplicar ao cadáver dum hierograma do tempo de Ramsés? Ele, Fradique, sugerira o artigo que taxa o arenque defumado. Realmente, no fundo, o que é um arenque defumado senão a múmia, sem ligaduras e sem inscrições, dum arenque que viveu. Ter sido peixe ou escriba nada importava para os efeitos fiscais. O que a Alfândega via diante de si era o corpo duma criatura, outrora palpitante, hoje secada ao fumeiro. Se ela em vida nadava num cardume nas ondas do mar do Norte, ou se, nas margens do Nilo, há quatro mil anos, arrolava as reses de Amnon e comentava os capítulos de fim de dia – não era certamente da conta dos Poderes Públicos. Isto parecia-lhe lógico. Todavia as autoridades da Alfândega continuavam a hesitar, coçando o queixo, diante do cofre sarapintado que encerrava tanto saber e tanta piedade!"

Eça de Queiroz. ***A Correspondência de Fradique Mendes.***

Capítulo 3
Métodos de Interpretação no Direito Tributário

1. Introdução

Este capítulo é dedicado a analisar a aplicação dos chamados "métodos de interpretação jurídica" ao ramo do Direito Tributário. Discute-se o enfoque tradicional, que vê nos métodos técnicas para se descobrir o sentido da lei, apresentando-os como recursos retóricos empregados mais para *convencer* do que propriamente para *conhecer* o sentido normativo.

Como capítulo da hermenêutica jurídica, os métodos são utilizados com o objetivo de influenciar decisões e administrar sentidos. Não conduzem necessariamente a uma única interpretação, nem à interpretação correta e podem, muitas vezes, apresentar resultados contraditórios entre si. Ainda assim, esses critérios não deixam de desempenhar um papel fundamental na interpretação jurídica e têm inegável aplicação prática.

O texto examina a maneira como podem ser utilizados os métodos de interpretação – literal, histórico, teleológico e sistemático – nas relações tributárias e destaca as múltiplas possibilidades de solução que, na prática, podem oferecer ao aplicador do direito no debate jurídico.

2. Interpretação e Norma Jurídica

Interpretar é conferir sentido, e tudo que faz parte do mundo é interpretado. Objetos naturais e culturais, "tudo é interpretável, porque tudo clama pelo ato ou atividade de apreensão de sentido. Até os dados e objetos do mundo físico, assim como as leis e [os] princípios das ciências, que buscam o conhecimento desse mundo", afirma Raimundo

Bezerra Falcão.[118] O objeto não precede o sujeito, nem o discurso, surge com ele(s): "Os objetos nascem quando deles se fala: o discurso, a sua amplitude, lhes dá as condições de sentido mediante as quais os recebemos e os processamos".[119]

A construção de sentido, no entanto, não se faz livremente, nem é neutra. Toda interpretação é uma tomada de posição. Não há termo ou sentido unívoco: "o sentido sempre poderia ser outro", afirma Eni Orlandi.[120]

Ainda que o ato de interpretar seja necessário e inevitável, a construção de sentidos não é livre – é sempre regrada. As diversas instâncias da sociedade trabalham para estabilizar a produção de sentido social, e o Direito é uma delas. De um lado, a norma jurídica dá sentido aos fatos: "funciona como esquema de interpretação"[121], ao valorar as condutas humanas, fazendo-as lícitas ou ilícitas. De outro, as normas jurídicas, elas próprias, também se sujeitam à interpretação, abrindo espaço para o trabalho do intérprete – e aplicador – do direito, mediante o uso dos critérios que lhe fornece a hermenêutica jurídica.

3. Hermenêutica Jurídica

O estudo da interpretação, no Direito, volta-se especialmente às normas jurídicas – ou, mais precisamente, aos textos que formam o direito positivo –, tendo em vista a solução de problemas concretos. Também se interpretam os fatos, é claro, mas estes não são o foco principal da hermenêutica clássica. A preocupação com os fatos está na base da interpretação jurídica, mas opera em função da norma que sobre eles se cogita aplicar.

Chama-se "Hermenêutica Jurídica" a disciplina que se debruça sobre este processo de construção do sentido jurídico, do sentido das normas. Seu conceito usual aponta como objeto de estudo a definição do "conteúdo" e do "alcance" das normas jurídicas, como se vê na definição de

[118] Falcão, Raimundo Bezerra. *Hermenêutica*. São Paulo: Malheiros, 2004, p. 85.

[119] Carvalho, Paulo de Barros. *Direito Tributário, Linguagem e Método*. São Paulo: Noeses, 2008, p. 13.

[120] Orlandi, Eni P. *Discurso e Texto*: formulação e circulação dos sentidos. 3ª ed. Campinas: Pontes, 2008, p. 164.

[121] Kelsen, Hans. *Teoria Pura do Direito*. 6ª ed. Trad. João Baptista Machado. São Paulo: Martins Fontes, 2003, p. 4.

Carlos Maximiliano: "A Hermenêutica Jurídica tem por objeto o estudo e a sistematização dos processos aplicáveis para determinar o sentido e o alcance das expressões do Direito".[122]

O que o autor chama de "sentido" (ou "conteúdo") da norma, na linguagem da lógica formal, recebe o nome de "conotação" (sentido conotativo): conjunto de propriedades compartilhadas por todos os indivíduos ou objetos que compõem determinado conjunto. Já o "alcance" refere-se ao que se chama de "denotação" ou "extensão": os indivíduos ou objetos que compõem um conjunto ou grupo a que certo termo pode ser aplicado.

Pensando a norma jurídica, a conotação, o conteúdo ou o sentido pode ser tomado como as notas típicas de um fato de possível ocorrência no mundo que estariam descritas na hipótese de incidência da regra-matriz. A denotação ou alcance seriam os diferentes casos concretos, individualmente considerados, que, efetivamente, se enquadram na hipótese legal.

Tais afirmações põem em destaque uma das principais notas distintivas da hermenêutica jurídica: a interpretação, no Direito, é uma questão prática. Isto é, surge em face de problemas concretos que demandam solução e realiza-se diante da aplicação da norma jurídica e da necessidade de solucionar problemas concretos.

O trabalho hermenêutico tem a ver com o oferecimento de meios para a estabilização de sentidos, isto é, para determinar como *deve ser* a interpretação jurídica. A hermenêutica é "que faz a lei falar".[123] A tarefa hermenêutica começa onde termina a legislativa.

Sua função, como salienta Ferraz Jr., é criptonormativa, ou seja, é regrar a interpretação da norma posta. Raimundo Bezerra Falcão explica esse papel da hermenêutica, ao contrapor a inesgotabilidade do sentido à necessidade de impedir que a interpretação do dircito afaste-se do interesse social. "Compete à Hermenêutica buscar modelos, isto é, estruturas para a interpretação. Estruturá-la para operacionalidade, fazê-la voltada a operar". E isso, nas palavras do autor, levaria

[122] MAXIMILIANO, Carlos. *Hermenêutica e Aplicação do Direito.* 3ª ed. Rio da Janeiro: Freitas Bastos, 1941, p. 13.

[123] FERRAZ JR., Tércio Sampaio. *Introdução ao Estudo de Direito*: técnica, decisão, dominação. 3. ed. São Paulo: Atlas, 2001, p. 292.

a uma "pedagogia *da escolha de* sentidos", direcionando a escolha de um significado, "pinçando-o em meio aos inúmeros sentidos possíveis captados".[124]

Seguindo o argumento do autor, a *inesgotabilidade do sentido* implicaria a necessidade de estabilizar algumas interpretações, aquelas que revelem "alcance social", e de afastar outras tantas, a fim de evitar a anarquia das múltiplas interpretações individuais.[125] A hermenêutica, diz Bezerra Falcão, "ocupa-se da estrutura e da operacionalidade da interpretação, com objetivo de outorgar estabilidade à última, em benefício dos efeitos sociais do sentido, em termos de aplicação à convivência".[126]

Quem aponta a "melhor" interpretação também decide sobre o que é socialmente e juridicamente relevante. Eis o ponto central da questão: sob esse argumento da "estabilidade" se oculta uma relação de poder. Escolher um dentre outros significados é exercê-lo. O sentindo nunca é livre, muito menos o sentido jurídico. A hermenêutica jurídica é uma forma de regrá-lo.

4. Métodos para Construir Sentidos

A maneira como se compreende a questão dos métodos de interpretação tem relação direta com aquela que seria a função da hermenêutica jurídica. Mais do que simplesmente descrever como opera o processo de interpretação no/do Direito, a tarefa da hermenêutica implica a própria construção do regramento da tarefa de interpretar. "É a hermenêutica que contém regras bem ordenadas que fixam os critérios e os princípios que deverão nortear a interpretação",[127] afirma Maria Helena Diniz.[128] Entre elas estariam os métodos: "A interpretação, como as artes em

[124] Falcão, Raimundo Bezerra. *Hermenêutica*. São Paulo: Malheiros, 2004, p. 95.

[125] Falcão, Raimundo Bezerra. *Hermenêutica*. São Paulo: Malheiros, 2004, p. 95.

[126] Falcão, Raimundo Bezerra. *Hermenêutica*. São Paulo: Malheiros, 2004, p. 95.

[127] Diniz, Maria Helena. *Compêndio de Introdução à Ciência do Direito*. 14ª ed. São Paulo: Saraiva, 2001, p. 416.

[128] Decerto, ao empregar os termos "regra" e "regramento", não se pretende afirmar que a doutrina esteja exatamente no mesmo plano que a linguagem do direito positivo. Não está; ainda que se possa cogitar de seu entrelaçamento no momento da produção do sentido deôntico. Ademais, o fato de se afirmar que se trata de uma normatização não significa que estejamos referindo, necessariamente, uma regra jurídica. Nem toda autoridade é órgão do sistema jurídico, nem toda norma é jurídica.

geral, possui a sua técnica, os meios para chegar aos fins colimados"[129] e, entre esses *meios* oferecidos pela hermenêutica, estariam os métodos de interpretação.

A noção de método, portanto, remete à ideia de uma forma ou um caminho[130] seguro colocado à disposição do intérprete para encontrar – ou construir – o sentido dos textos jurídicos. "Os métodos aparecem definidos pelo imaginário jurídico, o 'senso comum teórico dos juristas', como técnicas rigorosas, que permitem alcançar o conhecimento científico do direito positivo".[131] Operariam, então, como normas técnicas do bem interpretar: para produzir uma interpretação legítima, o jurista *deve* aplicar os métodos. Haveria uma relação de meio e fim entre os métodos e o resultado do processo de interpretação.

O problema é que essa postura encobre a função argumentativa dos métodos e, de certo modo, inverte a ordem do processo interpretativo. Tal como descrito nos tratados de hermenêutica, o jurista partiria de um vazio semântico para, mediante a aplicação sucessiva dos métodos, descortinar o sentido "final" da norma para certo caso. E, na realidade, esse caminho parece se percorrer na direção contrária. Os métodos oferecem recursos argumentativos para fundamentar posições preestabelecidas. O jurista parte de um sentido para o texto legal e procura, com a ajuda dos métodos de interpretação, construir argumentos (fundamentos) que permitam sustentá-lo. Por isso, na prática, os métodos de interpretação operam mais propriamente como métodos de argumentação do que de interpretação.

Em grande medida, cada um dos diferentes métodos recorre a um elemento que comporia o contexto no qual, em tese, insere-se o texto legal objeto de interpretação/argumentação, e direciona o sentido da interpretação para um resultado mais ou menos amplo, conforme o interesse de quem interpreta. Trata-se de tentar justificar a "escolha" de uma interpretação, dentre outras possíveis.

[129] MAXIMILIANO, Carlos. *Hermenêutica e Aplicação do Direito.* 3ª ed. Rio da Janeiro: Freitas Bastos, 1941, p. 13.

[130] Cf. GUIBOURG, Ricardo A.; GHIGLIANO, Alejandro; GUARINOMI, Ricardo. *Introducción al Conocimiento Científico.* Buenos Aires: Eudeba, 1994, p. 154.

[131] WARAT, Luis Alberto, *Introdução Geral ao Estudo do Direito I. Interpretação da lei*: temas para uma reformulação. Porto Alegre: Sergio Antonio Fabris, 1994, p. 65.

A interpretação é uma tomada de posição, que se faz muitas vezes sem se dar conta do porquê. Os métodos aplicam-se, num instante posterior, para justificar uma interpretação e convencer, em face da necessidade de fundamentar posições assumidas. "A realidade é que os métodos de interpretação não passam de artifícios de que lançamos mão para justificar a nossa escolha, entre as possíveis, para a solução de um problema jurídico; por isso não podem ser regrados", assevera Eros Grau.[132]

Neste ponto, podem-se destacar duas formas de se compreender o problema dos métodos. A primeira é situá-los no contexto amplo do discurso da hermenêutica jurídica, como forma de estabilização ou administração de sentidos. Nesse caso, detrás do uso de certos "métodos" ou formas predefinidas de realizar o ato interpretativo, está limitação da liberdade do intérprete. "Somente as 'regras' (digamos assim) da Hermenêutica serão hábeis a conferir condições de seletividade entre os sentidos possíveis, do que surgirá algum rumo para o intérprete poder optar"[133], escreve Bezerra Falcão. A segunda forma de compreender os métodos é considerar sua utilização por parte do intérprete nos casos concretos. Aqui, o método é instrumento de argumentação/fundamentação, meio para justificar uma posição assumida e convencer de sua aceitabilidade.

Os dois sentidos para o uso dos métodos não são excludentes entre si, são antes complementares. Referem-se à *estabilização* ou administração de sentidos, no plano geral da doutrina, e à sua aplicação diante de um litígio, em que há duas teses contrapostas. Nos dois casos, tem-se uma forma de controle da produção de sentidos, no plano abstrato e no concreto, respectivamente.

5. Interpretação e Dogmática Jurídica

Não há como entender o problema dos métodos de interpretação sem os situar como uma questão própria do campo da dogmática jurídica. Os métodos são técnicas dogmáticas de interpretação. Se, inicialmente,

[132] Grau, Eros R. A Interpretação do Direito e a Interpretação do Direito Tributário. in: Canto, Gilberto de Ulhôa. *Estudos de Direito Tributário em Homenagem à Memória de Gilberto de Ulhôa Canto*. Rio de Janeiro: Forense, 1998.

[133] Falcão, Raimundo Bezerra. *Hermenêutica*. São Paulo: Malheiros, 2004, p. 100.

afirmamos que a produção de sentidos numa sociedade nunca é um processo inteiramente livre, a vinculação atinge um grau ainda mais elevado no Direito. Os métodos de interpretação, como parte do discurso da hermenêutica, apresentam-se como um desses instrumentos de administração (estabilização) de sentidos – no caso, os sentidos jurídicos.

É claro que interpretar não é um ato privativo de juristas, nem mesmo a interpretação da lei. É um procedimento necessário e inevitável para todos que se veem diante do conjunto de textos legais, seja para aplicá-los a terceiros, seja apenas para cumpri-los. Nesse sentido, afirma Dimitri Dimoulis:

> As decisões das autoridades estatais e, em particular, do Poder Judiciário são seguramente as mais importantes em razão de sua força vinculante. Mas atuam também como aplicadores de direito todos os destinatários do direito que devem se conduzir de certo modo, obedecendo a imperativos legais, e que, para tanto, são obrigados a interpretar o direito em vista de sua aplicação, ainda que de forma sumária, incompleta ou equivocada.[134]

Há, entretanto, diferença crucial. O ato de interpretar o direito por quem o vê "de fora", sem o dever de decidir, tem sentido diverso da interpretação firmada por quem atua como partícipe no sistema. Quem interpreta o direito da posição de observador pode, diante dos textos legais, simplesmente chegar à conclusão de que o ordenamento jurídico não oferece solução para determinado caso concreto ou que não há resposta clara e uniforme quanto a se saber se determinada conduta deve ser tida como lícita ou ilícita. Essa, contudo, não é uma interpretação própria do pensamento dogmático.

A interpretação, na dogmática jurídica, parte de duas premissas: (a) inegabilidade dos pontos de partida e (b) proibição do *non liquet*.[135] A primeira premissa funciona como base para o fechamento operacional do sistema jurídico. Ao decidir o sentido de uma norma e sua aplicabilidade ao caso concreto, o intérprete parte do próprio conteúdo

[134] DIMOULIS, Dimitri. *Positivismo Jurídico*: introdução a uma teoria do direito e defesa do pragmatismo jurídico-político. São Paulo: Método, 2006, p. 224.

[135] FERRAZ JR., Tércio Sampaio. *Introdução ao Estudo do Direito*: técnica, decisão e dominação. 3. ed. São Paulo: Atlas, 2001, p. 39-41 et passim.

das demais normas do sistema, como determinantes primárias para a interpretação jurídica.[136] O argumento encerra certa circularidade, na medida em que propõe interpretar o direito a partir de si mesmo, indo de norma a norma. Mas pode-se dizer que esta tautologia caracteriza o próprio direito como sistema – é o que lhe confere fechamento operacional.

O segundo pressuposto – a proibição de não decidir – revela a vocação prática do pensamento dogmático, preocupado em "possibilitar a decisão e orientar a ação".[137] Diante de um problema, a dúvida dá lugar à decisão. A dogmática jurídica é um saber prático. É conhecimento que se refere à ordem das ações voluntárias: a ordem que a própria razão determina ao organizar meios na direção de objetivos, isto é, a razão dirigida a uma obra.[138]

Vale dizer, o raciocínio empregado pelo jurista na interpretação da lei está muito mais preocupado em decidir e agir do que propriamente em conhecer. "Ora, o problema que caracteriza esse tipo de interpretação é o de entender para agir ou, de todo modo, para decidir", explica Emilio Betti, "ou seja, para tomar posição em relação a preceitos a serem observados, ou relativamente a dogmas e avaliações morais", conclui o jurista.[139]

[136] DIMOULIS, Dimitri. *Positivismo Jurídico*: introdução a uma teoria do direito e defesa do pragmatismo jurídico-político. São Paulo: Método, 2006, p. 244.

[137] FERRAZ JR., Tércio S. *Introdução ao Estudo de Direito*: técnica, decisão, dominação. 3. ed. São Paulo: Atlas, 2001, p. 41.

[138] Ao mencionar o conceito de razão prática, temos em mente a ideia de razão do agir, voltada para a decisão e para a direção, que trabalha e modifica o mundo, não simplesmente o contempla. "Prática" porque orientada para guiar a ação, dando-lhe diretrizes, dando-lhe um sentido para seguir. Sobre o conceito de razão prática, ver: GRISEZ, Germain. (2007) O primeiro princípio da razão prática. (trad. José Reinaldo de Lima Lopes). *Revista Direito GV*, v. 3, nº 2, p. 179-214; Tomás de Aquino, Suma teológica, IIae, IIae, Q. 94, art. 2º, Trad. de José Reinaldo de Lima Lopes. IN: LOPES, Queiroz e Acca. *Curso de história do direito.* São Paulo: 2008 Método, p. 54-56; BERTI, Enrico. *As Razões de Aristóteles*, 2ª ed. Trad. Dion D. Macedo, São Paulo: Loyola, 2002; FINNIS, John. *Direito Natural em Tomás de Aquino*: sua reinserção no contexto do juspositivismo analítico. Trad. Leandro Cordioli, Porto Alegre: Sergio Antonio Fabris, 2007.

[139] BETTI, Emílio. *Interpretação da lei e dos atos jurídicos.* São Paulo: Martins Fontes, 2007, p. 5-6.

A questão dos métodos interpretativos insere-se nesse contexto do pensamento dogmático. Os métodos também estão voltados à orientação da ação e à decisão dos conflitos. No caso, a ação de interpretar. Funcionam como estratégias argumentativas para conduzir a produção de sentido jurídico e para justificar a adoção de uma posição, dentre outras possíveis. Pretendem oferecer segurança ao intérprete diante da pluralidade de sentidos que se podem construir a partir de um texto de lei. Em rigor, não nos oferecem respostas, tampouco *caminhos* ou *fórmulas* para encontrá-las. Influem no modo de compreender e aplicar o direito, apresentando critérios para se saber o que pode ou não ser dito, isto é, sobre as possíveis interpretações de um texto legal.

6. Interpretação e Direito Tributário

Não existe, na norma jurídica do tributo, qualquer particularidade que faça da exegese no Direito Tributário algo diverso da interpretação dos demais setores do ordenamento jurídico. O ato de interpretar é o mesmo, independentemente do ramo jurídico a que pertença o dispositivo normativo em questão. As peculiaridades da interpretação jurídica são as que já referimos acima: a obrigatoriedade de decidir e a inegabilidade dos pontos de partida. Elas se aplicam indistintamente a quaisquer normas jurídicas, sejam de Direito Tributário, sejam de Direito Civil ou Comercial.

Há, contudo, um aspecto importante a considerar. O sentido de um texto forma-se a partir da posição dos sujeitos que o interpretam. Na relação jurídica tributária, as interpretações formam-se com base em duas posições antagônicas, a do Fisco e a do contribuinte. Num mesmo texto de lei, um e outro podem enxergar normas absolutamente distintas. E a razão é simples: a construção de sentido faz-se a partir dos interesses em disputa. De um lado, o Fisco, que se guia predominantemente pelo interesse arrecadatório. De outro, o contribuinte, que vê o tributo como uma redução de seu patrimônio e, por isso, deseja evitá-lo.

Os dois interesses são, imediatamente, inconciliáveis. Daí surgirem os conflitos. Apresentando teses opostas, cada qual pretende oferecer a "melhor", "mais justa" ou "mais lógica" maneira de se interpretar certo dispositivo de lei. A controvérsia existe ainda que o texto legal seja aparentemente claro. O equívoco e o dissenso são também consequências das diversas posições dos sujeitos, Fisco e contribuinte, não são apenas "defeitos" do texto da lei. Eis o primeiro ponto que se quer destacar neste tópico: as duas posições (ou sujeitos) contrapostas (os) na relação tributária.

Os métodos aplicáveis às normas tributárias não diferem daqueles que seriam de se aplicar aos demais ramos do direito. Não há métodos específicos para entender as leis fiscais.[140] Noutros tempos, justificava-se a imposição de regras especiais de interpretação a partir da divisão entre Direito *Comum* e *Especial*. As leis penais e as leis tributárias seriam *Jus singulae*, porque aplicáveis apenas a determinada classe de pessoas, e mereceriam, por conseguinte, interpretação diferenciada.[141] Leis tributárias seriam "leis odiosas", daí interpretarem-se diferentemente.[142] Hoje essa forma de pensar não mais prevalece.[143]

[140] Em sentido contrário, defende Paulo Caliendo: "Não podemos concordar, entretanto, que não exista uma especificidade na interpretação tributária. Por óbvio que a interpretação jurídica é uma, que não existe uma interpretação para cada área do conhecimento jurídico, mas daí a afirmar que a interpretação no Direito Tributário deve ter os mesmos princípios que a interpretação no Direito Civil, no Direito Penal, etc., é algo totalmente diverso." Para o autor, "os princípios públicos que regem a justa repartição de encargos públicos exige um modelo argumentativo distinto". O Direito Tributário teria fins (justiça fiscal, neutralidade fiscal-concorrencial e liberdade fiscal) e meios distintos dos demais ramos. Caliendo, Paulo. Interpretação Tributária: *in dubio contra sacrifícium. Nomos* (Fortaleza), v. 33, p. 205-238, 2013.

[141] Carvalho, A. A. Contreiras de. *Doutrina e Aplicação do Direito Tributário.* Rio de Janeiro: Freitas Bastos, 1969, p. 191.

[142] Carvalho, A. A. Contreiras de. *Doutrina e Aplicação do Direito Tributário.* Rio de Janeiro: Freitas Bastos, 1969, p. 191. Merece referência o argumento do autor que de que as leis tributárias não seriam, ainda hoje, odiosas, apenas "leis individualmente incomodativas".

[143] Paulo Caliendo defende que a teoria da interpretação no Direito Tributário passou do *in dubio contra fiscum* para o *in dubio contra sacrificium*, com suporte nos preceitos estabelecidos pelas normas de direitos fundamentais. Para o autor, "o critério que melhor evoca o sentido constitucional é *in dubio contra sacrificium*, no sentido que a exigência de sacrifício particular não pode ser deduzido de preceitos tácitos", uma vez que implicaria restrição indevida a direitos funtamentais. Ou seja, "A interpretação *in dubio pro fisco* se caracterizaria em nossa opinião em uma restrição a direito fundamental não expressamente autorizada pelo texto constitucional e não prevista em nenhum dos casos anteriores." Caliendo, Paulo. Interpretação Tributária: *in dubio contra sacrifícium. Nomos* (Fortaleza), v. 33, p. 205-238, 2013.

O Código Tributário Nacional dedica alguns artigos à regulação da interpretação tributária (arts. 107 a 112 e art. 118). Não se pode dizer que essas disposições façam opção por um dos métodos em detrimento dos demais. E, mesmo que fizessem, as normas de interpretação também precisariam ser interpretadas, e assim estaria, novamente, aberto espaço para os métodos. Estes não são normas de direito tributário, como as leis interpretativas, nem sobrenormas, como as disposições que regulam a interpretação no CTN. São ferramentas doutrinárias, ainda que possam, em alguma medida, cumprir uma função normativa (fora do direito). "A interpretação no Direito Tributário se subordina ao *pluralismo metódico.* Inexiste prevalência de um só método", afirma Ricardo L. Torres.[144] Há pluralidade e equivalência, sem hierarquia, vale dizer.

Métodos específicos, fórmulas rígidas de interpretação e critérios apriorísticos fazem parte de uma fase superada do estudo da interpretação das normas tributárias. O que podemos apontar hoje são as peculiaridades que aplicação dos métodos revela no campo tributário. Delas cuidaremos nos tópicos seguintes.

7. Os Diferentes Métodos de Interpretação

Certamente, uma exposição que trate da problemática dos métodos de interpretação não pode deixar de mencionar os principais "métodos" de interpretação ordinariamente referidos pela doutrina. É comum que os juristas apontem Savigny como responsável pelas primeiras referências ao tema, mas a afirmação não é de todo precisa.

Dimitri Dimoulis explica que as quatro regras clássicas de interpretação não foram propriamente criadas por esse autor. "Podem ser encontradas, ainda que de forma menos elaborada, em autores que escrevem desde a segunda metade do século XVII."[145] Dimoulis menciona também que, na doutrina de Savigny, a interpretação é tratada como um processo único que se compõe de quatro elementos, não de quatro métodos, que poderiam conduzir a resultados díspares, nem de quatro interpre-

[144] Torres, Ricardo Lobo. *Normas de Interpretação e Integração do Direito Tributário.* 2. ed. Rio de Janeiro: Forense, 1994, p. 83.

[145] Dimoulis, Dimitri. *Positivismo Jurídico*: introdução a uma teoria do direito e defesa do pragmatismo jurídico-político. São Paulo: Método, 2006, p. 241.

tações.[146] Haveria uma só interpretação, formada a partir desses quatro dados. A doutrina posterior a Savigny acrescentou o método teleológico objetivo, que não constava da classificação original, e eliminou o lógico, inserindo-o nos métodos gramatical e sistemático.

É importante destacar, por outro lado, que o objetivo de sua aplicação não é o mesmo para todos os autores ou Escolas. Não é raro, aliás, que os diferentes métodos e Escolas ofereçam soluções distintas para um mesmo problema jurídico. Cada Escola apresenta seu método, sua maneira de interpretar o direito, representando, muitas vezes de forma oposta, o objetivo do processo de interpretação.

Além dos quatro elementos ou métodos que remontam a Savigny, é possível apontar uma variedade de outros, como o exegético, o comparativo, o da livre investigação científica (de Geny), o sociológico (de Duguit), a Escola do Direito Livre, a Escola do Positivismo Fático (realismo norte-americano e escandinavo), o método egológico (de Cossio), o método tópico-retórico (de Theodor Viehweg), entre uma infinidade de outros.[147]

Em todo caso, a maneira como o processo interpretativo é apresentado neste estudo – como construção de sentido que se faz a partir da posição de um sujeito – nos conduz a entender os métodos como critérios de relevância argumentativa para determinar o que importa e o que não importa para a construção do sentido dos textos legais. Ou seja, o que deve e o que não deve ser dito. É esse o viés que daremos à breve exposição que se segue sobre os diferentes métodos e sobre a forma como se aplicam ao Direito Tributário. Tomaremos quatro "métodos" de interpretação – literal, histórico, teleológico e sistemático – para enforcar o modo como são aplicados no campo tributário e algumas das principais questões que suscitam.

7.1. Método Literal

Mais simples e, entre todos, o mais criticado, o método literal ou gramatical, em sua versão mais singela, baseia-se na ideia de que "as pala-

[146] Dimoulis, Dimitri. *Positivismo Jurídico*: introdução a uma teoria do direito e defesa do pragmatismo jurídico-político. São Paulo: Método, 2006, p. 241.

[147] Sobre o tema, Cf. Andrade, Christiano José de. *O Problema dos Métodos da Interpretação Jurídica*. São Paulo: Revista dos Tribunais, 1992.

vras da lei têm um sentido unívoco que o intérprete deve descobrir e sistematizar".[148] Caberia ao jurista desvendar este sentido, e o caminho para fazê-lo começaria pelos próprios termos que compõem os textos legais e pelas relações que entres eles se estabelecem. O apego ao texto da lei poderia, nessa acepção, ser tomado como forma de respeito à legalidade e, de certo modo, ao próprio Estado de Direito.

O método literal operaria, assim, no plano sintático, que diz respeito ao relacionamento que os símbolos mantêm entre si.[149] O sentido vernacular do termo, a posição que ocupa na frase e a conexão que estabelece com os demais termos da frase seriam dados importantes quando se trata desse método.[150]

Ainda nessa concepção inicial, o método parte de uma noção realista do sentido dos termos, segundo a qual "haveria significados verdadeiros na medida em que com palavras se pudessem expressar corretamente as qualidades essenciais das coisas que se pretendem definir".[151] A interpretação literal buscaria, dessa forma, o sentido apropriado da lei e opera, muitas vezes, por sinonímia: substituindo os termos da lei por termos equivalentes com "reconhecida univocidade".

No discurso jurídico atual, podemos apontar, pelo menos, duas maneiras de se enxergar o recurso à literalidade textual: (1) como a primeira etapa do processo da interpretação e (2) como um apelo ao sentido óbvio de um termo ou frase. Na primeira acepção, tem-se a literalidade como fase de interpretação, que, entretanto, nela não se esgota. Na segunda, a interpretação literal seria, ela mesma, o ponto de chegada, dispensando maiores elucubrações para se construir o sentido da lei.

Tomados os métodos como fases do processo ou percurso gerativo de sentido, o literal seria o primeiro contato do intérprete com a lei, o

[148] WARAT, Luiz Alberto. *Introdução Geral ao Estudo do Direito I. Interpretação da lei*: temas para uma reformulação. Porto Alegre: Sergio Antonio Fabris, 1994, p. 66.

[149] CARVALHO, Paulo de Barros. *Direito Tributário, Linguagem e Método.* São Paulo: Noeses, 2008p. 194.

[150] Não ignoramos que os métodos "literal" e "gramatical" podem ser representados como mecanismos bem diferentes para alguns autores, mas, para os fins didáticos deste texto, serão aqui tratados como um só método.

[151] WARAT, Luiz Alberto. *Introdução Geral ao Estudo do Direito I. Interpretação da lei*: temas para uma reformulação. Porto Alegre: Sergio Antonio Fabris, 1994, p. 67.

ponto de partida. Paulo de Barros Carvalho afirma que "o aparecimento do texto, com essa estreiteza semântica, é o primeiro contacto do intérprete com a mensagem legislada e percebê-lo, como tal, marca o início da aventura exegética."[152] A decodificação do sentido normativo partiria do plano da literalidade textual (S1), passando por mais três etapas ou subsistemas: o conjunto dos conteúdos de significação dos enunciados prescritivos (S2); o domínio articulado de significações normativas (S3); e por último, o vínculos de coordenação e de subordinação que se estabelecem entre as regras jurídicas (S4).[153] Passa-se das formulações literais às significações, destas às normas e das normas às relações de hierarquia que caracterizam o ordenamento como sistema.

O resultado final seria a construção das normas jurídicas por parte do intérprete, definidas como mínimo irredutível do deôntico e posicionadas num determinado nível no interior de um sistema jurídico. O processo, entretanto, sempre começaria com o texto, tomado como "suporte físico do enunciado prescritivo".[154] Vale dizer, no plano da literalidade do texto, começaria o sentido, que nele todavia não se esgota:

> Ora, como todo texto tem um plano de expressão de natureza material, e um plano de conteúdo, [...] é pelo primeiro, vale dizer, a partir do contato com a literalidade textual, com o plano dos significantes ou com o chamado plano da expressão, como algo objetivado, isto é, posto intersubjetivamente, ali onde estão as estruturas morfológicas e gramaticais, que o intérprete inicia o processo de interpretação [...][155]

A ideia de que a interpretação começa com o método literal parece óbvia quando se supõe que o objeto da interpretação é o texto e, portanto, este processo não poderia começar sem ele. A partir da literali-

[152] Carvalho, Paulo de Barros. *Direito Tributário*: fundamentos da incidência. 3ª ed. São Paulo: 2004, p. 65.

[153] Carvalho, Paulo de Barros. *Direito Tributário, Linguagem e Método*. São Paulo: Noeses, 2008, p. 183.

[154] Carvalho, Paulo de Barros. *Direito Tributário, Linguagem e Método*. São Paulo: Noeses, 2008, p. 182.

[155] Carvalho, Paulo de Barros. *Direito Tributário, Linguagem e Método*. São Paulo: Noeses, 2008, p. 183.

dade é que a interpretação do texto teria início. Cabe aqui, no entanto, uma ressalva.

Na realidade, quando afirmamos que a interpretação começa no texto, efetuamos um recorte: escolhemos não tratar do que vem antes. Mas há, sim, algo que é anterior. A construção do sentido começa bem antes de o intérprete encontrar-se com os textos legais. O sentido se constrói no horizonte da tradição[156]: todo dito baseia-se num já-dito para que faça sentido. Mesmo antes de *ver* o texto da lei, o jurista traz consigo uma série de significações, valores e pré-conceitos que irão guiar sua compreensão jurídica. A construção do significado inicia-se antes mesmo de o texto legal chegar ao conhecimento de quem o interpreta. E é por este motivo que o sentido nos parece tantas vezes evidente.[157]

A segunda maneira de se apresentar o recurso à "interpretação literal" a que nos referimos é tratá-la como um apelo ao óbvio, à letra da lei. Nessa acepção, a interpretação literal seria uma forma "pobre" ou "desinteligente" de se compreender o enunciado legal. Haveria, assim, considerável aproximação entre o "método" literal e o "resultado" de interpretação a que ele conduziria.

A propósito, o art. 111 do Código Tributário Nacional determina que se interprete literalmente a legislação tributária, nos casos de suspensão ou exclusão do crédito, outorga de isenção e dispensa do cumprimento de obrigações acessórias. O enunciado permite-nos chamar atenção para uma situação que já mencionamos acima: a proximidade entre o método de interpretação literal e o tipo ou resultado restrito de interpretação.

Ao prescrever que se "interprete literalmente", o dispositivo não se refere propriamente ao método literal de interpretação, mas ao resul-

[156] PISCITELLI, Tathiane dos Santos. *Os Limites à Interpretação das Normas Tributárias*. São Paulo: Quartier Latin, 2007, p. 21.

[157] "[...] as relações de poder estão simbolizadas em relações de força presentes no jogo de sentidos. Entre em cena o desejo de clareza (certeza): faz parte da encenação retórica do poder, advogar a clareza, a transparência, praticando assim o apagamento, o silenciamento dos outros sentidos possíveis. Não há unicidade de sentidos por causa da história, do político, dos sujeitos. Sendo assim, o sentido claro é aquele que se estabiliza, o sentido dominante." ORLANDI, Eni P. *Discurso e Texto*: formulação e circulação dos sentidos. 3ª ed. Campinas: Pontes, 2008, p. 144.

tado a que se pode gerar no processo de interpretação. Trata-se de impedir o alargamento do sentido normativo do texto para abranger situações que não estariam *prima facie* previstas na lei. Quer-se impedir, por exemplo, que se isentem contribuintes diversos dos previstos na lei concessiva.

A rigor, a interpretação literal nem sempre implica um resultado restritivo. Embora essa aproximação entre método e resultado seja usual, há casos em que, na verdade, o recurso a argumentos outros – por exemplo, históricos ou teleológicos – podem restringir mais a aplicação do texto normativo. Daí a crítica de Marciano Seabra de Godoi ao art. 111, por tomar a interpretação literal por interpretação restritiva: "Muitas vezes, a interpretação literal faz com que a norma abranja um universo muito maior de casos do que aquele que teríamos com a aplicação da interpretação histórica ou teleológica", conclui.[158] Os julgamentos do Supremo Tribunal Federal – abaixo analisados – que tratavam da cobrança de IPVA sobre a propriedade de embarcações e aeronaves são um ótimo exemplo disso.

Ricardo Lobo Torres, por sua vez, afirma que o art. 111 "admite a interpretação extensiva, que se situa dentro da possibilidade expressiva da letra da lei, proibida, entretanto, a analogia".[159] Ao mencionar "sentido possível" de um termo, parte-se da ideia de que o próprio texto aceitaria alguns sentidos e excluiria outros. O que estivesse além do sentido "possível" não poderia ser aceito como interpretação.

No "apelo ao óbvio" e na crítica à literalidade, esconde-se uma disputa pelo sentido, que é também uma disputa pelo poder. E, nesse ponto, ambos os argumentos têm igual peso. Taxar certa interpretação literal de "desinteligente" é, muitas vezes, uma forma de fugir da aplicação estrita de determinada disposição ou pretender ampliar-lhe o sentido ou o alcance.

Diante de teses conflitantes, o jurista afirma que a interpretação de determinado dispositivo não pode ser "literal" e aponta, em seguida, o outro método que deveria ser utilizado para solução do caso, oferecendo

[158] GODOI, Marciano Seabra de. *Questões Atuais de Direito Tributário na Jurisprudência do STF*. São Paulo: Dialética, 2006, p. 13.

[159] TORRES, Ricardo Lobo. *Curso de Direito Financeiro e Tributária*. 9ª ed. Rio de Janeiro: Renovar, 2002, p. 136.

um resultado interpretativo diverso. É comum que tal oposição dê-se entre o método literal e os métodos sistemático ou teleológico, mas pode ocorrer entre quaisquer métodos (argumentos). Aliás, o entrechoque de métodos não é incomum, como veremos adiante.

Na maior parte das situações, é com o sentido dito "óbvio" que se decidem os casos. Dizemos "óbvio" não porque esteja evidente *no* texto nem porque seja inquestionável, mas por estar assentado num determinado contexto social. A literalidade do sentido concretiza a prevalência de uma "visão de mundo", pelo consenso, pela estabilização de um significado em detrimento de outros possíveis.

7.1.1. Dois Exemplos de Aplicação do Método Literal

É frequente o recurso à literalidade como argumento para a defesa da interpretação restritiva de um dado dispositivo legal, especialmente os que cuidam da discriminação de competências tributárias.

Um bom exemplo disso, na jurisprudência do Supremo Tribunal Federal, está na inconstitucionalidade da cobrança do Imposto sobre Serviços de Qualquer Natureza (ISSQN) sobre locação de bens móveis, tese firmada de longa data no Tribunal. O entendimento do STF na matéria é conhecido: a locação de bens móveis não configura "serviço" para fins de incidência do imposto previsto no art. 156, III, da Constituição. Prevaleceu o sentido literal – e, no caso, restritivo – do texto constitucional em detrimento da ampliação de seu alcance. Não incide, portanto, o Imposto sobre Serviços de Qualquer Natureza nos contratos de locação.

A questão diz respeito essencialmente à definição de "serviço". O *leading case* é o RE 116.121, redator para o acórdão Min. Marco Aurélio, no qual se discutia a incidência do imposto sobre a locação de guindastes para construção civil desacompanhados da mão de obra para operá-los. O acórdão está assim ementado:

> TRIBUTO – FIGURINO CONSTITUCIONAL. A supremacia da Carta Federal é conducente a glosar-se a cobrança de tributo discrepante daqueles nela previstos. IMPOSTO SOBRE SERVIÇOS – CONTRATO DE LOCAÇÃO. **A terminologia constitucional do Imposto sobre Serviços revela o objeto da tributação.** Conflita com a Lei Maior dispositivo que imponha o tributo considerado contrato de locação de bem móvel. Em

> Direito, **os institutos, as expressões e os vocábulos têm sentido próprio**, descabendo confundir a locação de serviços com a de móveis, práticas diversas regidas pelo Código Civil, cujas definições são de observância inafastável – artigo 110 do Código Tributário Nacional. (Grifo nosso).[160]

A própria ementa do julgado deixa claro o apego ao sentido "próprio" do termo "serviço", a fim de afastar da noção os contratos de locação de bens móveis. Preponderou, dessa forma, o sentido literal – e restrito – dos termos "serviço" e "locação" contra a pretensão de alargar-se seu alcance em desfavor do contribuinte.

A mesma orientação foi, posteriormente, confirmada em sede em repercussão geral, no julgamento do RE 626.706, de relatoria do Min. Gilmar Mendes, no qual se discutia a incidência do imposto sobre locação de filmes cinematográficos, videoteipes, cartuchos para *video games* e assemelhados.[161] E, atualmente, está também consagrada na Súmula Vinculante nº 31, nos seguintes termos: "É inconstitucional a incidência do imposto sobre serviços de qualquer natureza – ISS sobre operações de locação de bens móveis".[162]

Outro exemplo está nas decisões também do Supremo Tribunal Federal a respeito do alcance da expressão "faturamento", antes da Emenda Constitucional nº 20/98. A controvérsia também é bastante conhecida. Chegou ao Tribunal em razão do disposto no art. 3º, *caput* e § 1º, da Lei 9.718, de 27 de novembro de 1998. A regra do *caput* equiparava "faturamento" à "receita bruta da pessoa jurídica", para fins de incidência da COFINS e das contribuições para o PIS/PASEP. A disposição do § 1º determinava que "receita bruta" deveria ser tomada como "a totalidade das receitas auferidas pela pessoa jurídica, sendo irrelevantes o tipo de atividade por ela exercida e a classificação contábil adotada para as receitas", o que, em termos práticos, ampliava a base de cálculo da contribuição.

160 Brasil. Supremo Tribunal Federal. *Recurso Extraordinário nº 116.121*. Relator: Min. Octavio Galloti. Redator para o acórdão: Ministro Marco Aurélio. Tribunal Pleno. Julgamento 11.10.2000. DJ de 25.5.2001.

161 Brasil. Supremo Tribunal Federal. *Recurso Extraordinário nº 626.706*. Relator Ministro Gilmar Mendes. DJ 24.9.2010.

162 Brasil. Supremo Tribunal Federal. *Súmula Vinculante nº 31*. DJe 17.2.2010.

Decidiu o Tribunal, por maioria, dar provimento ao recurso do contribuinte, para declarar a inconstitucionalidade do § 1º do artigo 3º da Lei nº 9.718/1998. Prevaleceu, assim, o argumento de que a lei teria alargado de forma inconstitucional a base de cálculo da contribuição, uma vez que a redação originária do inciso I do art. 195 da Constituição Federal previa como fonte de custeio da seguridade social a contribuição do empregador "sobre a folha de salários, o faturamento e o lucro", mas não sobre "receita bruta", como previsto no art. 3º, § 1º, da lei. Rejeitou-se também, no julgamento, a possibilidade de constitucionalização superveniente por conta da alteração promovida pela EC 20/98.

A própria ementa do julgado chama atenção para o uso do método/argumento literal e para a impossibilidade de se alterarem os conceitos de direito privado, nos seguintes termos:

> CONSTITUCIONALIDADE SUPERVENIENTE – ARTIGO 3º, § 1º, DA LEI Nº 9.718, DE 27 DE NOVEMBRO DE 1998 – EMENDA CONSTITUCIONAL Nº 20, DE 15 DE DEZEMBRO DE 1998. O sistema jurídico brasileiro não contempla a figura da constitucionalidade superveniente. TRIBUTÁRIO – INSTITUTOS – EXPRESSÕES E VOCÁBULOS – SENTIDO. A norma pedagógica do artigo 110 do Código Tributário Nacional ressalta a impossibilidade de a lei tributária alterar a definição, o conteúdo e o alcance de consagrados institutos, conceitos e formas de direito privado utilizados expressa ou implicitamente. Sobrepõe-se ao aspecto formal o princípio da realidade, considerados os elementos tributários. CONTRIBUIÇÃO SOCIAL – PIS – RECEITA BRUTA – NOÇÃO – INCONSTITUCIONALIDADE DO § 1º DO ARTIGO 3º DA LEI Nº 9.718/98. A jurisprudência do Supremo, ante a redação do artigo 195 da Carta Federal anterior à Emenda Constitucional nº 20/98, consolidou-se no sentido de tomar as expressões receita bruta e faturamento como sinônimas, jungindo-as à venda de mercadorias, de serviços ou de mercadorias e serviços. É inconstitucional o § 1º do artigo 3º da Lei nº 9.718/98, no que ampliou o conceito de receita bruta para envolver a totalidade das receitas auferidas por pessoas jurídicas, independentemente da atividade por elas desenvolvida e da classificação contábil adotada.[163]

[163] BRASIL. Supremo Tribunal Federal. *Recurso Extraordinário nº 390.840*. Relator: Ministro Marco Aurélio. Tribunal Pleno. DJ 15.8.2006.

Nesse julgado como no anterior, prevaleceu o sentido literal e restritivo dos termos em questão – "serviço" e "faturamento", respectivamente – em detrimento da pretensão do legislador de ampliar seu alcance. Embora o argumento literal não necessariamente conduza a esse resultado, em ambos os casos aqui apontados, o recurso à literalidade do texto apresentou-se, na hipótese, como forma de restringir o sentido da norma de competência e esclarecer os casos que estavam fora do seu alcance e não poderiam ser colhidos pelo legislador tributário, seja por meio do imposto, no caso do ISSQN, seja por meio de uma contribuição, no caso da COFINS.

7.2. Método Histórico

Este método considera o recurso às condições históricas em que se insere uma norma como elemento para determinar-lhe o sentido. Parte-se da premissa de que o momento social da produção ou da aplicação de um diploma legislativo é relevante para se compreender o significado das palavras da lei, o que conduz a, pelo menos, duas possibilidades: (1) situar a lei nova no contexto de certa tradição jurídica[164] e, o contrário, (2) situar uma lei antiga num novo contexto. Nos dois casos, pode-se dizer que há aplicação do método histórico: um recurso às condições históricas da lei, no que se refere ao momento de sua edição ou ao momento de sua aplicação.

Hugo de Brito Machado afirma que "neste método o sentido da norma é buscado com exame da situação a que a mesma se refere através dos tempos. Investiga-se o Direito anterior. Compara-se a norma atual com a que lhe antecedeu no regramento do assunto". [165] Haveria no método "um leve indício anti-dogmático"[166], na medida em que se utilizam dados fáticos para determinar o sentido do direito. Um indício que, muitas vezes, se desfaz ao se verificar que aquilo que se supõe ser um esforço de contextualização não representa, de fato, o devir histó-

[164] DINIZ, Maria Helena. *Compêndio de Introdução à Ciência do Direito.* 14ª ed. São Paulo: Saraiva, 2001, p. 140.

[165] MACHADO, Hugo de Brito. *Curso de Direito Tributário.* 30ª ed. São Paulo: Malheiros, 2009, p. 105.

[166] WARAT, Luis Alberto. *Introdução Geral ao Direito I.* Interpretação da lei: temas para uma reformulação. Porto Alegre: Sergio Antonio Fabris, 1994, p. 70.

rico em seu processo dialético. A história é frequentemente retratada de forma mítica, afastado "seu ingrediente social e libertador"[167], como se não houvesse controvérsias acerca do sentido, como se não houvesse dissenso.

No tocante aos argumentos que suscita, é comum encontrar referências ao método histórico em, pelo menos, três situações: (1) para afirmar que não cabe interpretação literal, porque a sociedade e, por conseguinte, o sentido evoluíram; (2) para argumentar que a determinação do sentido de um termo da lei deve levar em conta o momento de sua criação; e (3) para utilizar dados referentes ao direito revogado a fim de interpretar o direito vigente. Na primeira hipótese, o argumento histórico é utilizado como forma de alterar significado atual do dispositivo legal e negar a acepção que se conferia aos termos legais no momento de sua edição. Ou seja, afirma-se que o sentido não é exatamente aquele que "a letra de lei" sugere, porque o contexto social em que foi produzida era outro. O novo contexto requer um novo sentido. Já na segunda hipótese, o argumento vem exatamente no sentido contrário. Afirma-se que o sentido dos termos da lei deve estar conforme a "intenção" ou finalidade que deu ensejo a sua edição. A terceira hipótese socorre-se, especificamente, do direito precedente para determinar como deve ser a aplicação do direito em vigor.

Nos três casos, percebe-se que método histórico faz com que concorram, no ato de interpretar, elementos, que, rigorosamente, não se inserem no sistema do direito positivo.[168] Citemos dois exemplos: os precedentes normativos, entendidos como "normas que vigoraram no

[167] WARAT, Luis A. *Introdução Geral ao Direito I.* Interpretação da lei: temas para uma reformulação. Porto Alegre: Sergio Antonio Fabris, 1994, p. 72.

[168] É importante destacar que as fases que antecedem a edição da norma jurídica não são exatamente alheias ao direito, na medida em que a própria produção jurídica – leia-se: a produção dos enunciados prescritivos – é regulada pelo sistema do direito positivo. A propósito, Gabriel Ivo destaca que, mesmo na fase pré-legislativa, que resultará na elaboração de um "anteprojeto de instrumento normativo", há momentos (aspectos) regulados pelo direito, ainda que não fiquem registrados na enunciação enunciada. Já, na fase legislativa, o "conjunto de atos que desemboca na criação de um instrumento introdutor de normas", a lei, é plenamente regulado pelo direito positivo, inclusive mediante regulação constitucional, na media em que "As normas de produção normativa são meta regras que têm como objeto a criação de normas jurídicas". Ivo, Gabriel. *Norma Jurídica*: produção e controle. São Paulo: Noeses, 2006, p. 8, 12 e 13.

passado e que antecederam à nova disciplina",[169] e os trabalhos preparatórios, tais como discussões parlamentares, emendas preteridas, bem como qualquer documento que possa ser útil para desvendar os motivos condicionantes da edição da lei. Em ambos os casos, tomam-se textos que não fazem parte do direito positivo vigente e que remetem o intérprete ao momento da criação da norma jurídica, a fim de buscar informações para se compreender como *era* interpretada naquele instante e as razões de sua edição. Esta forma de pensar o método histórico não diz respeito apenas às leis antigas, cujo sentido se pretenda atualizar, mas também às novas, cuja significação se constrói no contexto de uma determinada tradição legislativa, que, em princípio, não se nega.

A pesquisa de elementos externos ao direito vigente para determinar o significado das normas suscita uma questão interessante. Até que ponto textos externos ao direito vigente podem determinar-lhe o sentido?

Precedentes normativos e trabalhos preparatórios são documentos situados fora do direito positivo. São, nesse sentido, não-direito. Os primeiros deixaram de sê-lo no momento da revogação; os segundos nunca ingressaram no mundo jurídico, ainda que tenham feito parte do processo de enunciação. Poderiam esses textos, situados fora do ordenamento jurídico, ser utilizados para determinar o significado das palavras da lei? A pergunta diz respeito aos próprios limites de uma teoria positivista da interpretação jurídica.

Em princípio, as respostas para os problemas jurídicos e os dados relevantes para se determinar o sentido das normas situam-se dentro do próprio sistema jurídico. Não se poderiam tomar critérios externos ao direito para solucionar problemas jurídicos. Há, entretanto, uma inevitável abertura: o direito positivo não pode determinar o significado de todos os termos de que se constitui. As palavras da lei já têm sentido antes de serem tomadas pelo legislador. E aqui chegamos à seguinte questão: é legítimo recorrer a textos e elementos não jurídicos para determinar o significado de numa norma jurídica?

[169] FERRAZ JR., Tércio Sampaio. *Introdução ao Estudo de Direito*: técnica, decisão, dominação. 3ª ed. São Paulo: Atlas, 2001, p. 286.

Paulo de Barros Carvalho coloca a intertextualidade, "o intenso diálogo que os textos mantêm entre si, sejam eles passados, presentes ou futuros, pouco importando as relações de dependência estabelecida entre eles"[170], como um dos axiomas da interpretação. No pensamento jurídico, a intertextualidade estaria apresentada em dois níveis. Um é estritamente jurídico, ou interno, e diz respeito ao diálogo entres os variados ramos do direito. Outro é jurídico em sentido amplo e abrange também abordagens do fenômeno jurídico do ponto de vista externo, como a História e a Sociologia do Direito.[171] Tem-se intertextualidade interna no primeiro caso, e externa, no segundo. O autor deixa claro que, embora o conhecimento oriundo dessas ciências possa servir para esclarecer o fenômeno jurídico, não servirá "jamais para fundamentar o modo de ser peculiar do pensamento jurídico". [172]

Uma coisa é certa: não é apenas no método histórico que se utilizam elementos externos ao direito para interpretá-lo. Em geral, os métodos – exceto talvez o sistemático – representam um apelo a algo que não faz parte propriamente do direito positivo. Um recurso a algum elemento que, embora não esteja propriamente inserido no sistema jurídico, tem importância para interpretá-lo: regras gramaticais, vontade do legislador, circunstâncias históricas. São dados estranhos ao sistema, até que sejam absorvidos pelas próprias instâncias, juízes, legisladores e demais aplicadores. No ato de decidir, são ainda fatos exteriores (ambiente). Talvez por isso Kelsen afirme, a propósito dos métodos de interpretação, que, "de um ponto de vista orientado para o Direito positivo, não há qualquer critério com base no qual uma das possibilidades inscritas na moldura do Direito a aplicar possa ser preferida à outra".[173]

[170] Carvalho, Paulo de Barros. *Direito Tributário, Linguagem e Método.* São Paulo: Noeses, 2008, p. 193.

[171] Carvalho, Paulo de Barros. *Direito Tributário, Linguagem e Método.* São Paulo: Noeses, 2008, p. 195.

[172] Carvalho, Paulo de Barros. *Direito Tributário, Linguagem e Método.* São Paulo: Noeses, 2008, p. 158.

[173] Kelsen, Hans. *Teoria Pura do Direito.* 6ª ed.. Trad. João Baptista Machado. São Paulo: Martins Fontes, 2003, p. 391.

7.3. Método Teleológico

As normas não são postas à toa, sem qualquer propósito ou função. Todo dever-ser é precedido de uma decisão, um ato de vontade, que se constrói a norma como um instrumento que se volta a determinado objetivo, permitindo, proibindo ou obrigando determinadas condutas. O direito, como objeto cultural, tem a finalidade como elemento intrínseco. O método teleológico lança mão deste dado – a finalidade – como critério para determinar o sentido que se deve dar à norma jurídica. "Busca o sentido da regra jurídica tendo em vista o *fim* para o qual foi ela elaborada".[174]

Esse recurso ao escopo da norma pode ser entendido de duas maneiras: (1) como busca pelo objetivo que estaria "contido" na norma jurídica ou (2) como investigação da finalidade pressuposta pelo legislador no ato de sua edição. A dicotomia remete à discussão, em muitos aspectos superada, sobre a vontade da lei e a vontade do legislador como sede do sentido das normas. No primeiro caso, a finalidade apresenta-se como um aspecto do próprio direito positivo; no segundo, a pesquisa teleológica aproxima-se do método histórico.

Em qualquer caso, há sempre uma dificuldade quanto a se saber *como* determinar qual seria o objeto de determinada norma. Quando se pensa em condutas humanas individualmente consideradas, a finalidade seria um aspecto da vontade de quem age. Não teríamos dificuldade de empregá-la como sinônimo de "intenção", mas, em se tratando do processo legislativo, faltaria um sujeito a quem se poderia imputar essa "finalidade" ou "intenção". À falta de um sujeito de carne e osso, os juristas recorrem à ficção do legislador racional, que traduz, no direito, a noção de autor,[175] isto é, a origem de um discurso, o discurso legislativo.

À primeira vista, parece plausível afirmar-se que o escopo de uma prescrição incorpora-se ao modal deôntico que veicula, a saber, permitido, proibido ou obrigatório. No caso de uma proibição de uma ação, ter-se-ia o indicativo de que o legislador deseja que certa conduta seja

[174] Machado, Hugo de Brito. *Curso de Direito Tributário*. 30ª ed. São Paulo: Malheiros, 2009, p. 106.

[175] Orlandi, Eni P. *Discurso e Texto*: formulação e circulação dos sentidos. 3. ed. Campinas: Pontes, 2008, p. 81.

omitida. Nas obrigações de fazer, o inverso. Nas faculdades, a situação torna-se um pouco mais complexa. Duas condutas igualmente permitidas não necessariamente são valoradas de mesma forma pelo ordenamento jurídico. Por exemplo: fabricar cigarros é permitido, assim como fabricar remédios, mas não se pode desconsiderar a diversidade de tratamentos a que são submetidas as duas condutas no direito vigente. O modal acolhido seria, portanto, um indício do modo pelo qual certa conduta é valorada pelo sistema jurídico em vigor, mas não oferece uma resposta completa a esse respeito. Uma resposta mais segura para este problema depende de uma análise que leve em conta outras disposições do sistema que se refiram, direta ou indiretamente, à situação de fato em análise.

Neste ponto, merece destaque o conceito de norma tributária indutora. Esta noção abarca a modalidade de normas que, operando na esfera do permitido, estimulam ou desestimulam certas condutas dos contribuintes. Nesse caso, mesmo sem haver uma proibição, fica clara a finalidade de impedir ou desestimular certos comportamentos.[176] O tema será abordado com mais vagar no tópico seguinte.

Há ainda outro complicador, quando se trata de analisar a finalidade de uma prescrição legal. Nem sempre existe coerência entre os presumíveis objetivos de uma norma e suas diretrizes reais. Algumas leis são feitas para não serem cumpridas ou, pelo menos, para não surtirem os efeitos jurídico-normativos que delas presumivelmente se espera. Muitas vezes, os efeitos e interesses perseguidos não são (apenas) aqueles que a lei declara: proibições, faculdades e deveres.

Em certos casos, as finalidades político-ideológicas de uma lei prevalecem sobre sua destinação jurídico-normativa propriamente dita. É o que se chama de "legislação simbólica", definida por Marcelo Neves como a "produção de textos cuja referência manifesta à realidade é normativo-jurídica, mas que serve, primária e hipertroficamente, a finalidades políticas de caráter não especificamente normativo-jurídico". [177] Prevalece, nessas situações, a função político-simbólica de uma lei, em

[176] Sobre o tema, ver: SCHOUERI, Luís Eduardo. *Normas Tributárias Indutoras e Intervenção Econômica*. Rio de Janeiro: Forense, 2005.

[177] NEVES, Marcelo. *A Constitucionalização Simbólica*. São Paulo: WMF Martins Fontes, 2007, p. 30.

detrimento da sua concretização normativa. Nesse caso, qual a finalidade da norma a se considerar, a real ou a simbólica?

A questão não é simples, e sua resposta está muitíssimo além das estreitas pretensões deste trabalho. Quanto à aplicação do método teleológico no Direito Tributário, o principal problema a se enfrentar diz respeito à chamada "consideração ou interpretação econômica" da norma tributária, tema para o qual reservamos o tópico seguinte.

7.3.1. Método Teleológico e Interpretação Econômica

A interpretação econômica do Direito Tributário constitui um tópico à parte no percurso evolutivo dos estudos deste ramo jurídico. As críticas ao emprego da interpretação econômica são várias e muito conhecidas. Não vamos aqui reproduzi-las. O tema interessa-nos, neste tópico, pela relação existente entre interpretação econômica e método teleológico no Direito Tributário.

Afora as complexidades que o tema da finalidade legal agrega ao estudo da interpretação, seria possível afirmar, sem grande dificuldade, que, no campo tributário, o escopo da maior parte das normas tributárias é a geração de recursos para o Estado, ainda que este objetivo não seja exclusivo. Diante disso, muitos autores afirmam que o método teleológico, no Direito Tributário, conduziria a uma interpretação econômica das normas fiscais.[178]

Na base da consideração econômica, está a noção de que a norma tributária teria sempre "natureza econômica", tendo em vista seu objeto, um índice de riqueza ou capacidade contributiva.[179] Intrínseca à norma fiscal, a "natureza econômica" seria dado imprescindível à técnica de interpretação. Ruy Barbosa Nogueira explica que a consideração econômica consistiria "em verificar se o resultado da interpretação da disposição ou o ponto em questão guarda devida adequação entre incidência e a capacidade econômica do obrigado".[180] Em todo caso, o autor ressalva

[178] Torres, Ricardo Lobo. *Normas de Interpretação e Integração do Direito Tributário.* 2ª ed. Rio de Janeiro: Forense, 1994, p. 77.

[179] Nogueira, Ruy Barbosa. *Da Interpretação e da Aplicação das Leis Tributárias.* 2ª ed. São Paulo: Revista dos Tribunais, 1965, p. 43.

[180] Nogueira, Ruy B. *Da Interpretação e da Aplicação das Leis Tributárias.* 2ª ed. São Paulo: Revista dos Tribunais, 1965, p. 45.

que, no Brasil, o princípio da estrita legalidade não permitiria essa forma de interpretação, senão de modo subsidiário, "jamais podendo dela resultar exigência de tributo não autorizado por lei".[181]

Gerd Willi Rothmann afirma que "a chamada 'consideração econômica' nada mais representa que um método sistemático e teleológico".[182] É admissível nos casos que envolvam tributação de negócios simulados, ilegais, nulos, anuláveis ou produzidos com abuso das formas de direito privado, mas nunca "para impor uma situação e fato inexistente".[183]

Na verdade, não há uma teoria unitária da interpretação econômica, imputável a uma única escola ou a um único autor. Rothmann explica três formas (ou correntes) de se conceber a interpretação econômica, destacando, em especial, a visão de Tipke, para quem "a consideração econômica nada mais é que uma interpretação teleológica", voltada a "coibir estruturações de direito civil que tenham por finalidade a economia de tributos".[184] Levando em conta a finalidade e as consequências econômicas dos fatos atingidos pela tributação, a interpretação econômica permitiria atingir eventos com conteúdo econômicos, a despeito da forma jurídica de que se revistam. O tema é, ainda hoje, atual e relevante, especialmente quando se trata de examinar a validade e a eficácia de estratégias de planejamento tributário empregadas pelo contribuinte.

Não pretendemos aqui defender ou criticar a interpretação econômica da norma fiscal. Mas há uma questão que se mostra particularmente importante no contexto deste estudo: saber se a finalidade arrecadatória serve de premissa para a interpretação teleológica. Ora, que o objeto principal do sistema tributário é arrecadar, disso não se duvida. Mas será que daí decorre que o método teleológico, no campo

[181] Nogueira, Ruy B.. *Da Interpretação e da Aplicação das Leis Tributárias.* 2ª ed. São Paulo: Revista dos Tribunais, 1965, p. 71.

[182] Rothmann, Gerd Willi. O Princípio da Legalidade Tributária. in: Nogueira, Ruy Barbosa. *Direito Tributário Aplicado:* estudo de casos e problemas. Vol. 5, São Paulo: José Bushatsky, 1973, p. 178.

[183] Rothmann, Gerd Willi, O Princípio da Legalidade Tributária. in: Nogueira, Ruy Barbosa. *Direito Tributário Aplicado:* estudo de casos e problemas. Vol. 5. São Paulo: José Bushatsky, 1973, p. 174.

[184] Rothmann, Gerd Willi; Paciello, Gaetano. Elisão e Evasão Fiscal. *Cadernos Pesquisas Tributárias.* Vol. 13. São Paulo: Resenha Tributária, 1988, p. 404.

dos tributos, necessariamente conduz a uma forma de interpretação econômica do direito?

Há duas ressalvas que se podem apor. A primeira delas é que a finalidade arrecadatória não é o único objetivo da norma tributária. Luís Eduardo Schoueri explica, com base nos estudos de Klaus Vogel, que as imposições tributárias, ao lado de seu típico objetivo de arrecadar, podem desempenhar outras três funções: 1) distribuir a carga tributária; 2) induzir comportamentos; e 3) simplificar o sistema tributário.[185] Haveria, segundo Schoueri, finalidades primárias e secundárias na norma fiscal, de modo que, em certos casos, a finalidade de arrecadar cederia espaço a outros objetivos mais caros que a própria arrecadação. Seriam estas as chamadas "normas tributárias indutoras", regras jurídicas veiculadas a título de estimular ou desestimular comportamentos por meio da tributação.

A segunda ressalva é que a mera consideração genérica de que as normas tributárias sejam feitas para arrecadar não oferece critério algum para se determinar o sentido de uma norma. O problema de se pensar o método teleológico em matéria tributária é que apenas as normas de tributação indutora têm finalidade específica diferençável e, portanto, útil para firmar uma interpretação teleológica, como salienta Moris Lehner. Para o autor, a finalidade de geração de receitas públicas não serve como premissa para a interpretação teleológica. Se assim fosse, seria "correta a interpretação que levasse a mais alta arrecadação tributária", o que não se admite.[186]

Parece-nos que o recurso ao argumento da finalidade e ao método teleológico só ganhariam, de fato, maior importância no campo tributário, quando em jogo outras funções eficaciais da norma tributária, além da mera arrecadação. E esta variedade de objetivos que pode presidir a edição da norma tributária nos permite tirar duas conclusões. Primeiro, nem sempre o recurso ao método teleológico, em matéria tributá-

[185] Schoueri, Luís Eduardo. *Normas Tributárias Indutoras e Intervenção Econômica*. Rio de Janeiro: Forense, 2005, p. 27.

[186] Lehner, Moris. Consideração Econômica e Tributação conforme a Capacidade Contributiva: sobre a possibilidade de uma interpretação de normas com finalidades arrecadatórias. Trad. Luís Eduardo Schoueri, in: Schoueri, Luís Eduardo; Zilveti, Fernando Aurelio. *Direito Tributário*: estudos em homenagem a Brandão Machado. São Paulo: Dialética, 1998.

ria, significa uma opção pela consideração econômica do fato gerador. Segundo, nem sempre a consideração da finalidade na tributação leva a uma interpretação que promova o aumento da arrecadação. Em certos casos, a análise da finalidade normativa pode levar justamente ao resultado oposto.

A partir dos variados objetivos, pode-se constatar que a finalidade predominante da norma em questão não é propriamente arrecadatória, mas indutora. Nesse caso, a interpretação teleológica não conduziria à consideração econômica do fato gerador, tampouco ensejaria, necessariamente, agravamento da carga fiscal do contribuinte.

7.3.2. Método Teleológico na Interpretação das Imunidades Tributárias

O método/argumento teleológico é frequentemente empregado na jurisprudência do Supremo Tribunal Federal para orientar/fundamentar a interpretação das imunidades tributárias, notadamente a que protege os "livros, jornais, periódicos e o papel destinado a sua impressão" (art. 150, VI, "d") e os "templos de qualquer culto" (art. 150, VI, "b"). O Tribunal utiliza-se do argumento da finalidade, nesses casos, para demarcar o alcance do dispositivo e definir os sujeitos e atividades que podem ser beneficiados pela imunidade tributária.

Veja-se, por exemplo, o julgamento do RE 221.239, de relatoria da Ministra Ellen Gracie. No caso, discutia-se a aplicação da imunidade a álbum de figurinhas que tinha como tema novela transmitida por canal aberto de televisão. A decisão tem a seguinte ementa:

> CONSTITUCIONAL. TRIBUTÁRIO. IMUNIDADE. ART. 150, VI, "D" DA CF/88. "ÁLBUM DE FIGURINHAS". ADMISSIBILIDADE. 1. A imunidade tributária sobre livros, jornais, periódicos e o papel destinado à sua impressão tem por escopo evitar embaraços ao exercício da liberdade de expressão intelectual, artística, científica e de comunicação, bem como facilitar o acesso da população à cultura, à informação e à educação. 2. O Constituinte, ao instituir esta benesse, não fez ressalvas quanto ao valor artístico ou didático, à relevância das informações divulgadas ou à qualidade cultural de uma publicação. 3. Não cabe ao aplicador da norma constitucional em tela afastar este benefício fiscal instituído para proteger direito tão importante ao exercício da democracia, por força de um juízo subjetivo acerca da

qualidade cultural ou do valor pedagógico de uma publicação destinada ao público infanto-juvenil. 4. Recurso extraordinário conhecido e provido".

O Tribunal de origem havia afastado a aplicação da imunidade tributária, ao fundamento de que a publicação em questão tinha fins unicamente publicitários, o que desbordaria do *objetivo* da norma constitucional discutida. Para dar provimento ao recurso extraordinário do contribuinte e reformar o acórdão, a relatora também lançou mão do critério teleológico na interpretação da norma de imunidade do art. 150, VI, "d", da Constituição Federal e, assim, concluiu no sentido da aplicação do benefício. Consta do voto da relatora:

> A imunidade tributária sobre os livros, jornais, periódicos e o papel destinado à sua impressão tem como escopo evitar embaraços ao exercício da expressão, artística, científica e de comunicação, consagrada no inciso IX do art. 5º da Constituição Federal. Visa também facilitar o acesso da população à cultura, à informação e à educação, com a redução do preço final.
>
> O constituinte, ao instituir a imunidade ora discutida não fez ressalvas quanto ao valor artístico ou didático, à relevância das informações divulgadas ou à qualidade cultural de uma publicação. Da mesma forma, não há no texto da Lei Maior restrições em relação à forma de apresentação de uma publicação. Por isso, o fato de figuras, fotos ou gravuras de uma determinada publicação serem vendidos separadamente em envelopes lacrados não descaracteriza a benesse consagrada no art. 150, VI, d, da Constituição Federal.
>
> Ora, se o fim desta norma constitucional é facilitar o acesso à cultura e à informação, o "*álbum de figurinhas*" nada mais é do que uma maneira de estimular o público infantil a se familiarizar com os meios de comunicação impressos, atendendo, em última análise, à finalidade do benefício tributário.[187]

O raciocínio é semelhante ao que se encontra em diversos outros julgados do Supremo Tribunal Federal, nos quais se recorre ao escopo da norma de imunidade como critério para sua interpretação e aplicação.

[187] BRASIL. Supremo Tribunal Federal. *Recurso Extraordinário nº 221.239*. Relatora Ministra Ellen Gracie. Segunda Turma. DJ 6.8.2004.

Lê-se a disposição constitucional em consonância com o objetivo que se supõe subjacente: estimular a liberdade de expressão e a difusão de opiniões e ideias.

A mesma lógica também se observa, por exemplo, na fundamentação adotada pelo Ministro Ricardo Lewandowski, no julgamento do RE 562.351, de sua relatoria, em que se pretendia a aplicação da imunidade dos templos de qualquer culto às lojas maçônicas, a fim de afastar a cobrança do Imposto Predial e Territorial Urbano (IPTU). Nesse caso, contudo, a conclusão foi oposta. Saiu vencedor o Fisco, negou-se o benefício ao contribuinte recorrente.[188] Destacamos da ementa o seguinte trecho:

> CONSTITUCIONAL. RECURSO EXTRAORDINÁRIO. IMUNIDADE TRIBUTÁRIA. ART. 150, VI, "C", DA CARTA FEDERAL. NECESSIDADE DE REEXAME DO CONJUNTO FÁTICO - PROBATÓRIO. SÚMULA 279 DO STF. ART. 150, VI, "B", DA CONSTITUIÇÃO DA REPÚBLICA. ABRANGÊNCIA DO TERMO "TEMPLOS DE QUALQUER CULTO". MAÇONARIA. NÃO CONFIGURAÇÃO. RECURSO EXTRAORDINÁRIO CONHECIDO EM PARTE E, NO QUE CONHECIDO, DESPROVIDO. [...]
>
> III – A imunidade tributária conferida pelo art. 150, VI, "b", é restrita aos templos de qualquer culto religioso, não se aplicando à maçonaria, em cujas lojas não se professa qualquer religião [...].

Para rejeitar a aplicação da imunidade ao caso, aduziu o Ministro relator que a exoneração em questão estaria conectada ao direito fundamental expresso no art. 5º, VI, da Constituição Federal, isto é, o livre exercício dos cultos religiosos. E "uma das formas que o Estado estabeleceu para não criar embaraços à pratica religiosa foi outorgar imunidade aos templos onde se realizem os respectivos cultos". Ou seja, "estamos a falar em imunidade tributária com o intuito de não criar embaraços à liberdade de crença religiosa". Sendo assim, diante desse escopo, não se poderia reconhecer à maçonaria a aplicação do benefício, porque seus ritos não se consistiram de culto religioso, nos termos do voto do relator.

[188] Brasil. Supremo Tribunal Federal. *Recurso Extraordinário nº 562.351*. Relator Ministro Ricardo Lewandowski. Primeira Turma. DJe 14.12.2012.

Num e noutro julgado, fica evidente o recurso ao objetivo da norma jurídica como critério para demarcar seu alcance e sentido, seja para conferir-lhe interpretação ampla, como no primeiro caso, seja para restringir-lhe a aplicação, como no segundo.

7.4. Método Sistemático

Deixamos por último o método sistemático propositalmente. Para muitos, este seria o método mais apropriado para definir o sentido das normas jurídicas ou o único justificável em sede de uma teoria positivista da interpretação jurídica. Seria, enfim, o método definitivo.

Paulo de Barros Carvalho assevera que a interpretação sistemática seria o método por excelência. O único com condições de prevalecer, porque pressupõe o emprego dos demais.[189] Para o autor, o sentido normativo só seria legitimamente construído pelo intérprete quando os conteúdos significativos das várias frases ou dos vários enunciados prescritivos fossem ordenados e articulados com as demais entidades que compõem o domínio do Direito.[190]

Em defesa da interpretação sistemática, Eros Grau afirma que "o direito não se interpreta em tiras, aos pedaços", máxima que se desdobra em duas implicações. De um lado, a percepção de que qualquer norma só é jurídica porque faz parte de um sistema jurídico. De outro, a obrigação de considerar a sequência de níveis hierárquicos do ordenamento, no momento de aplicar uma norma do sistema jurídico. Nas palavras do autor:

> A interpretação de qualquer texto de direito impõe ao intérprete sempre, em qualquer circunstância, o caminhar pelo percurso que se projeta a partir dele – do texto – até a Constituição. Um texto de direito isolado, destacado, desprendido do sistema jurídico, não expressa significado normativo algum.[191]

[189] Carvalho, Paulo de Barros. *Direito Tributário, Linguagem e Método*. São Paulo: Noeses, 2008, p. 201.

[190] Carvalho, Paulo de Barros. *Direito Tributário, Linguagem e Método*. São Paulo: Noeses, 2008, p. 183.

[191] Grau, Eros Roberto. *Ensaio e Discurso sobre a Interpretação/Aplicação do Direito*. São Paulo: Malheiros, 2003, p. 40.

Não se interpretam textos do direito isoladamente. Interpreta-se e aplica-se o direito como um todo, na medida em que cada norma obtém seu significado deôntico a partir do contexto jurídico em que se insere.[192]A interpretação de uma norma nunca se esgota no seu próprio texto. É sempre preciso considerar sua posição no sistema: os outros textos que se encontram acima e ao lado dessa norma.

Noutros ramos do Direito, às vezes, encontra-se o método sistemático disfarçado de outros nomes. A doutrina do chamado "neoconstitucionalismo", no Brasil, por exemplo, refere-se ao "Princípio da Unidade da Constituição", que aponta para a busca pela harmonização das normas constitucionais, sem o estabelecimento de hierarquia entre elas.[193] De certo modo, trata-se de releitura do velho método sistemático: "uma reafirmação de um dos cânones clássicos de interpretação e a *confirmação* de que ele também vale no âmbito constitucional", explica Virgílio Afonso da Silva.[194]

Comparando a interpretação sistemática aos métodos literal, histórico e teleológico, percebemos que ela revela uma particularidade que falta aos demais: não configura, como as outras, um apelo a algo que não está inserido no direito positivo. Recorre a outras normas do próprio sistema para definir o sentido do enunciado prescritivo em análise. De certo modo, todos os demais tipos de métodos – ou argumentos, como preferimos – operam como recurso a um dado que não está propriamente no interior do sistema jurídico *e.g.*: as regras gramaticais, o contexto histórico, a vontade do legislador. No caso do argumento sistemático, o elemento utilizado são outras normas do mesmo sistema jurídico. É dizer, para determinar o sentido de uma norma N1, o jurista recorre às normas N2, N3 e N4, todas integrantes do mesmo conjunto. Com isso, poderiam ser evitadas interpretações contraditórias ou interpretações em desacordo com os valores positivados em determinado

[192] GRAU, Eros Roberto. *Ensaio e Discurso sobre a Interpretação/Aplicação do Direito.* São Paulo: Malheiros, 2003, p. 121-122.

[193] BARROSO, Luís Roberto; BARCELLOS, Ana Paulo de. O Começo da História: a nova interpretação constitucional e o papel dos princípios no direito brasileiro. IN: SILVA, Virgílio Afonso da (Org.). *Interpretação Constitucional.* São Paulo: Malheiros, 2005, p. 301.

[194] SILVA, Virgílio Afonso da. *Interpretação Constitucional e Sincretismo Metodológico.* IN: SILVA, Virgílio Afonso da (Org.). *Interpretação Constitucional.* São Paulo: Malheiros, 2005, p. 127.

ordenamento jurídico. Daí o elogio à interpretação sistemática, tão comum no pensamento jurídico atual.

Em algumas situações, a interpretação sistemática funciona como um contra-argumento à literalidade. Apresenta-se a interpretação literal como forma de isolamento do sentido, como compreensão "descontextualizada", para, em seguida, apontar outros enunciados prescritivos que deveriam ser considerados conjuntamente, a fim de se produzir interpretação sistemática e, portanto, aceitável. Há aí um elogio à interpretação sistemática, em detrimento da literal, apontada como "desinteligente".

No campo tributário, podem-se citar, especificamente, duas considerações frequentemente associadas ao estudo do método sistemático: (1) a autonomia do Direito Tributário e (2) a relação entre tributação e os conceitos de direito privado. Em alguma medida, os dois itens se aproximam e têm relação com o tema da elisão tributária.

Ricardo Lobo Torres afirma que "a consequência da tese da sujeição dos conceitos de Direito Tributário aos de Direito Civil e de sua separação dos econômicos é a *licitude da elisão.*" [195] Para Torres, a interpretação sistemática do Direito Tributário excluiria a apreciação teleológica, levando a um inevitável primado do Direito Privado.[196] Vale dizer, ou não há autonomia, ou a forma do negócio não poderia ser desfeita ou desconsiderada pelo Direito Tributário.

O autor sustenta haver uma oposição entre os métodos teleológico e sistemático no artigo 109 do Código Tributário Nacional. A disposição, segundo o autor, estabelece uma relação de hierarquia entre os métodos de interpretação. Mas a ambiguidade de sua redação permite duas leituras contrastantes. Pode-se ler o art. 109 juntamente com o art. 110, e entender que o legislador privilegiou o método sistemático, quando em questão conceitos utilizados pela Constituição; ou analisar o art. 109 em separado, dando prioridade ao método teleológico ou à consideração econômica do fato gerador – expressões que o autor toma por equiva-

[195] Torres, Ricardo Lobo. *Normas de Interpretação e Integração do Direito Tributário.* 2ª ed. Rio de Janeiro: Forense, 1994, p. 76.

[196] Torres, Ricardo Lobo. *Normas de Interpretação e Integração do Direito Tributário.* 2ª ed. Rio de Janeiro: Forense, 1994, p. 75.

lentes nesse contexto –, desde que não estejam em jogo conceitos constitucionalizados.

O problema, parece-nos, está na forma como Lobo Torres concebe o método teleológico, aproximando-o da consideração econômica. Daí o autor enredar-se na seguinte hipótese: ou prevalece o método sistemático, e com ele as formas de direito privado, ou prevalece a finalidade, em detrimento da forma, legitimando-se a pretensão arrecadatória do fisco. Outra solução não haveria, quando se utiliza a finalidade de arrecadar como premissa da interpretação teleológica. A questão já foi enfrentada acima, não retornaremos a ela aqui.

Em todo caso, o ponto que pretendemos enfatizar é que o argumento ou método sistemático propõe uma intertextualidade do tipo interno, isto é, um diálogo entre os diversos textos do ordenamento vigente como forma de oferecer uma interpretação legítima para a norma a aplicar.

De certo modo, a defesa do método sistemático pode ser vista, com algum esforço de simplificação, com uma reafirmação da própria ideia de Estado de Direito e, assim, também da noção de legalidade em seu sentido mais amplo. Ou seja, defende-se, em última análise, uma interpretação conforme a lei: construída no interior do sistema jurídico com suporte apenas em elementos previamente colhidos pelo legislador e inserido no direito positivo.

8. Hierarquia e Pluralismo Metodológico

Qual o "melhor" método? Que fazer no caso de conflito de métodos? Há hierarquia? Alguns métodos são mais importantes do que outros? Essas são questões que surgem quando se trata de pensar a aplicação prática dos métodos para oferecer soluções a casos concretos.

Em princípio, uma proposta de hierarquia de métodos representaria uma hierarquia dos valores inseridos em cada deles. E com um agravante: não seriam os valores do legislador eleito democraticamente (já que os métodos não fazem parte do direito positivo), mas os de quem trata dos métodos, notadamente, a doutrina. Por outro lado, se pensamos os métodos como fases ou etapas do processo de interpretação, poderia parecer um erro questionar qual método aplicar ou qual o melhor método. Todos poderiam ser empregados para que se chegasse a um resultado final aceitável. Essa parece ser, aliás, a opinião majoritária no direito brasileiro, especialmente no tributário.

A propósito, veja-se o seguinte trecho retirado da obra de Luciano Amaro, na qual o autor se refere ao processo de interpretação e à aplicação dos métodos:

> Assim, o intérprete deve partir do exame do texto legal, perquirindo o **sentido das palavras utilizadas pelo legislador** (na chamada interpretação literal ou gramatical), cumpre-lhe, todavia, buscar uma interpretação do texto que **não descambe para o absurdo**, ou seja, deve preocupar-se com dar à norma **um sentido lógico** (interpretação lógica), que **harmonize** como o sistema normativo em que ela se insere (interpretação sistemática), socorrendo-se da análise das **circunstâncias históricas que cercaram a edição** da lei (interpretação histórica), sem descurar das **finalidades a que a lei visa** (interpretação finalística ou teleológica).[197]

O texto pretende oferecer uma síntese da aplicação dos métodos. A interpretação legal seria representada como processo que se desenvolve sucessivamente, sendo cada etapa vinculada a um método. Inicia-se com a interpretação literal e chega-se até a teleológica para alcançar-se o sentido da norma. Todos os métodos seriam utilizados nesse percurso da geração ou construção do sentido. Haveria algo como um ecletismo metodológico, que evitaria a hierarquia e a contradição entre os métodos, pressupondo que possam ser aplicados conjuntamente.

A questão, no entanto, não é tão simples assim. Quando se menciona "o sentido das palavras usadas pelo legislador", devemos procurar o "sentido da lei" ou o "sentido do legislador"? Que é uma interpretação que "descamba para o absurdo"? A decisão sobre o que seria absurdo já pode, em grande medida, definir quais os sentidos aceitáveis do texto legal. Ademais, que seria "um sentido lógico"? De certo modo, a lógica figura como a própria condição do sentido. Sentido ilógico, nessa linha, poderia ser entendido como uma contradição nos próprios termos. Igualmente vazia é a ideia de "harmonia com o sistema normativo". Ao decidir o que é ou não harmônico, já se está fixando o próprio sentido do texto. Afinal, todas as interpretações se dizem sistemáticas!

[197] AMARO, Luciano. *Direito Tributário Brasileiro*. 11ª ed. São Paulo: Saraiva, 2005, p. 208-209.

Ao mencionar as "circunstâncias históricas que cercaram a edição", pressupõe-se a utilização de textos que, na verdade, não compõem o direito positivo, para definir o sentido jurídico. Isto é, utilizar-se o "não-direito" para explicar o direito. É possível compor o sentido jurídico com elementos de fora do sistema? Já quando se trata de utilizar as "finalidades a que a lei visa", a questão é saber: como se descobre a finalidade de uma norma? A pergunta remete à infrutífera discussão sobre a vontade da lei e a vontade do legislador.

Longe de conduzir sempre a um resultado harmônico, a realidade mostra que a aplicação dos diferentes métodos não conduz necessariamente a um único resultado correto e, não raro, pode levar a resultados absolutamente contraditórios entre si.

No tópico seguinte, apresentamos decisões do Supremo Tribunal Federal, nas quais se pode verificar, na prática, como os métodos são empregados e como podem se prestar a justificar posições completamente diferentes.

9. Conflito de Métodos: o exemplo do IPVA sobre embarcações e aeronaves

Escolhemos dois casos relativamente simples. O RE 255111/SP[198] e **o** RE 134509/AM,[199] que versam sobre a interpretação do artigo 155, III, da Constituição Federal, disposição que trata da competência dos Estados-membros para instituir impostos sobre a "propriedade de veículos automotores". Em ambos os recursos, a questão constitucional dizia respeito a determinar se seria lícito instituir IPVA sobre aeronaves e embarcações. A resposta estava diretamente relacionada com o sentido que se dá à expressão "veículo automotor", contida no inciso II do art. 155 da Constituição. Aeronaves e embarcações devem ser consideradas formas de veículo automotor para efeito de incidência de IPVA?

[198] Brasil. Supremo Tribunal Federal. *Recurso Extraordinário nº 255.111*. Relator: Min. Marco Aurélio. Redator para o Acórdão: Min. Sepúlveda Pertence. Julgamento: 29.5.2002. DJ 13.12.2002.

[199] Brasil. Supremo Tribunal Federal. *Recurso Extraordinário nº 134509*. Relator: Min. Marco Aurélio. Redator para o Acórdão: Min. Sepúlveda Pertence. Julgamento: 29.5.2002. DJ 13.9.2002.

No julgamento dos mencionados recursos, os ministros ofereceram duas respostas diferentes para a questão, cada uma delas apoiada num método ou num argumento diferente. A proposta do texto não é reavaliar a questão ou mesmo criticar o julgamento do Supremo Tribunal Federal. Atuamos noutro plano de análise. O propósito é apenas explorar alguns argumentos, a título de explicar como cada um deles remete a um dado e a um método diferente e conduz também a uma consequência diversa.

Os dois casos são analisados conjuntamente, porque os argumentos reproduzidos na demanda são exatamente os mesmos, o que muda é apenas que, no caso do Amazonas, o IPVA fora instituído sobre embarcações; no do São Paulo, sobre aeronaves. No julgamento conjunto dos dois recursos, a oposição se deu entre os votos dos Ministros Marco Aurélio de Mello e Sepúlveda Pertence, tendo o segundo exarado o voto vencedor, acompanhado pelos demais julgadores.

Relator originário do recurso, o Ministro Marco Aurélio entendia, no tocante ao art. 155, III, que "a incidência abrange a propriedade de todo e qualquer veículo, ou seja, que tenha propulsão própria e que sirva ao transporte de pessoas e coisas". A expressão "veículo automotor" compreenderia não só os terrestres, mas todo e qualquer veículo de transporte com capacidade de mover-se por si mesmo, isto é, com propulsão própria. Barcos, aviões e helicópteros também poderiam ser tributados por meio desse imposto. Não há restrição alguma no texto da Constituição vigente em relação à cobrança de tributo sobre propriedade desses veículos.

Os Ministros Sepúlveda Pertence e Francisco Rezek, por sua vez, sustentavam, no julgamento, posição contrária. Afirmavam a impossibilidade de cobrança de IPVA sobre aeronaves e embarcações, com base em análise do contexto histórico e dos antecedentes legislativos do imposto.

O Ministro Sepúlveda Pertence defendia que os trabalhos preparatórios da criação do IPVA mostravam que este tributo fora pensado para substituir a antiga "Taxa Rodoviária Única" e, portanto, deveria levar em conta o tributo extinto na sua interpretação. A expressão "veículo automotor", desde sua inclusão no ordenamento, por meio da EC nº 27, de 1985, sempre fora tomada em "sentido técnico", que, segundo o Ministro, restringiria seu alcance aos veículos de via terrestre.

Pelo que consta no voto, a definição técnica de veículo automotor poderia ser encontrada na legislação de trânsito, na extinta Taxa Rodoviária Única e nas próprias decisões do STF. Os veículos aéreos, quando mencionados na legislação, sempre seriam designados como "aeronaves", nunca simplesmente como "veículos automotores". Além do mais, a interpretação em sentido contrário levaria à sobreposição de registros, haja vista que o registro de automóveis fica a cargo dos Estados, ao passo que o de aeronaves é atribuição da União.

O voto do Ministro Sepúlveda Pertence utiliza-se de duas formas de argumentação. Um argumento eminentemente histórico, quando recorre ao direito revogado (Taxa Única Rodoviária) e aos trabalhos legislativos preparatórios. E um argumento sistemático, quando se refere à legislação infraconstitucional em vigor e às atribuições de registro.

Na mesma linha, o Ministro Francisco Rezek insiste na necessidade de que a Corte tome conhecimento do contexto histórico-legislativo que antecedeu o imposto, como razão de decidir. Consta do voto:

> Tentei saber, mediante pesquisa sobre a realidade objetiva, o que está acontecendo, qual a trajetória histórica da norma, e o que neste momento sucede sob o pálio da regra constitucional que atribui aos Estados competência para instituir imposto sobre propriedade de veículos automotores. Verifiquei que temos neste caso imposto que, na trajetória constitucional do Brasil, sucede à Taxa Rodoviária Única, e não me pareceu, examinados os sucessivos textos constitucionais que, em qualquer momento, tenha sido intenção do constituinte brasileiro autorizar aos Estados, sob o pálio do imposto sobre propriedade de veículos automotores, a cobrança sobre a propriedade de aeronaves e de embarcações de qualquer calado.

Na visão de Francisco Rezek, a interpretação literal da expressão "veículo automotor" poderia conduzir a Corte ao ridículo. Além das aeronaves e embarcações, nela "Pode ser enquadrada também qualquer criatura do reino animal, veículo que é porque capaz de transportar coisas, e automotor porque independente de qualquer tração externa à sua própria estrutura física". Ao contrário, seria fundamental chamar atenção para o contexto do texto constitucional, sua aplicação concreta e seus antecedentes legislativos. Esse seria inclusive o papel fundamental do doutrinador em Direito Tributário, a quem o Ministro atribui a missão de situar seu leitor no contexto histórico e atual do tributo. A propósito, diz o Ministro Francisco Rezek:

> O que se espera do doutrinador, quando escreve sobre direito tributário, não é que nos diga aquilo que pensa sobre o significado das palavras. Sua especialidade reclama dele, aos olhos do leitor da sua obra, algo mais. Por exemplo, o histórico do tributo. A que textos sucede aquele que está sendo examinado? Do quê aquele tributo é legatário na marcha histórica da Constituição? O que existe no âmbito dos trabalhos preparatórios do texto constitucional a indicar uma intenção de mudança? Se um imposto singelamente sucede a outro, o que existe, no registro dos trabalhos preparatórios do novo texto, a evidenciar que o constituinte derradeiro resolveu, de algum modo, aumentar ou restringir o escopo tradicional de determinado imposto? Mas espera-se sobretudo que o autor diga também ao leitor o que está acontecendo e, ao interpretar a expressão "veículos automotores" de modo ampliativo, dizendo que no seu entender ela inclui navios e aviões, diga qual o legislador estadual que tomou esse caminho – e, dentre aqueles que o tomaram, qual o que não foi contestado, qual o que conseguiu fazer valer sua opção legislativa.[200]

Na fundamentação do Ministro Marco Aurélio, por outro lado, há um recurso ao argumento literal, ao sustentar que a expressão "veículo automotor" tem um sentido mais amplo e pode abarcar outras formas de transporte além do terrestre. O Ministro Marco Aurélio atem-se ao texto da Constituição Federal em vigor e destaca que não há nela qualquer restrição ao tipo de veículo automotor.

Há, no caso, uma oposição entre os métodos literal e histórico, tendo o último prevalecido por votação majoritária. De um lado, afirma-se a tradição de um sentido, de outro, a literalidade do texto. É interessante observar que os argumentos históricos de que o Ministro Sepúlveda Pertence lança mão recorrem a informações que, na verdade, não constam do ordenamento vigente: o direito revogado e os trabalhos que

[200] Brasil. Supremo Tribunal Federal. *Recurso Extraordinário nº 134509*. Relator: Min. Marco Aurélio. Redator para o Acórdão: Min. Sepúlveda Pertence. Julgamento: 29.5.2002. DJ 13.9.2002.

deram ensejo à produção do novo direito. Essa argumentação, aliás, é típica do método histórico. Por que não se deve entender a expressão "veículo automotor" numa acepção mais ampla, abrangendo inclusive aeronaves e embarcações? Segundo os votos de Sepúlveda Pertence e Francisco Rezek, porque nos textos legais passados ela não tinha esse sentido.

O caso é exemplo de como a aplicação do método literal nem sempre conduz a uma interpretação restritiva, diversamente do que sugere a leitura do art. 111 do Código Tributário Nacional. No julgamento em análise, o argumento histórico serviu para restringir o alcance da expressão "veículo automotor", para que a disposição do art. 155, III, fosse aplicável apenas aos veículos terrestres, enquanto a opção pela literalidade do texto, segundo o Ministro Marco Aurélio, conduziria ao resultado oposto, para alcançar também as embarcações e aeronaves.

Além disso, é preciso também chamar atenção para as consequências de cada uma dessas teses. Elas conduzem a resultados opostos. Uma permite a ampliação da competência tributária dos Estados para toda e qualquer forma de veículo automotor. Outra limita-a apenas aos veículos terrestres, de carga ou de passeio. Em todo caso, não obstante o teor das decisões acima examinadas, sabe-se que hoje a cobrança de IPVA sobre embarcações e aeronaves ainda está prevista na legislação de vários Estados-membros[201] e também na do Distrito Federal.[202]

[201] Em Alagoas, a Lei nº 6.555/2004, prevê no art. 8º: "Art. 8º. As alíquotas do imposto são: I – 1,0% (um por cento) para ônibus, microônibus, caminhões, cavalo mecânico, aeronaves e embarcações;". A legislação do Estado do Rio de Janeiro – Lei nº 2.877/1997 – isenta uma única embarcação pesqueira por proprietário: "Art. 5º Estão isentos do pagamento do imposto: [...] VI – embarcação pertencente a pescador, pessoa física, utilizada na atividade artesanal ou de subsistência, comprovada por entidade representativa da classe, limitada a um veículo por beneficiário;". E a mesma lei determina: "Art. 28. Os clubes náuticos e os aeroclubes, sempre que solicitados, apresentarão à fiscalização da Secretaria de Estado de Fazenda os registros das embarcações e aeronaves de seus associados, nos quais se identifique o veículo automotor, o nome e o endereço do proprietário.". No Espírito Santo, a Lei nº 6.999/2001 dispõe no art. 2º,§ 2º: "Para efeito desta Lei, veículo automotor é qualquer veículo aéreo, terrestre, aquático ou anfíbio, dotado de força motriz própria, ainda que complementar ou alternativa de fonte de energia natural". E, adiante, prevê alíquota de 2%: "Art. 12. As alíquotas do Imposto são: I – 2% (dois por cento), para carros de passeio, de esporte e de corrida, camioneta de uso misto ou utilitário, aeronaves e embarcações;". Em

10. Afinal, para que servem os métodos?

Os diferentes métodos são formas de argumentar, essa é a primeira conclusão que podemos construir a partir deste texto. Não revelam um sentido preexistente, não conduzem a uma única solução correta e podem oferecer alternativas de interpretação absolutamente contraditórias entre si.

No discurso da doutrina, o recurso aos chamados "métodos de interpretação" faz-se a título de apontar o que é relevante para se determinar o significado da lei e para construir soluções legítimas: o sentido lexical dos termos, sua posição nas frases, o contexto histórico, a vontade do legislador, a finalidade positivada na lei e os demais textos do ordenamento. Aplicados a um caso concreto, os métodos oferecem premissas para justificar uma decisão. Permitem defender que determinado texto *deve ser* interpretado de certa maneira, mas não oferecem soluções apriorísticas para todo e qualquer caso.

Na prática, o resultado da aplicação de métodos diversos pode conduzir a soluções ou interpretações absolutamente contraditórias. Concebê-los como etapas de um único processo não altera em nada essa dificuldade, apenas a torna mais evidente, ao expor a necessidade de cotejo e harmonização de possibilidades interpretativas. O entrechoque de métodos é antes um recurso de argumentação. Opõe-se, por exemplo, a finalidade da norma à interpretação literal, a fim de abranger hipóteses que não seriam abarcadas por uma interpretação estrita. Mesmo as

Minas Gerais, a Lei nº 14.937/2003 estabelece, no art. 10, VI, a alíquota de 3% para embarcações.

[202] A Lei nº 223 de 27/12/1991 do Distrito Federal, no art. 3º, I, dispõe: "Art. 3º As alíquotas do IPVA são de: I – 1% (um por cento) para os veículos automotores classificados como caminhões, cavalos-mecânicos, ônibus e microônibus detentores de permissão para transporte público de passageiros, máquinas de terraplenagem, equipamentos automotores especiais, embarcações e aeronaves;". O Decreto nº 34.024/2012 define "veículo automotor" nos seguintes termos: "Art. 3º O fato gerador do IPVA é a propriedade, o domínio útil ou a posse legítima de veículo automotor, registrado e licenciado, inscrito ou matriculado no Distrito Federal, perante as autoridades de trânsito nas vias terrestres, aquáticas ou aéreas. § 1º Para os efeitos deste Regulamento, considera-se veículo automotor toda estrutura destinada a transporte ou locomoção de pessoas, mercadorias ou bens, por via terrestre, aquática ou aérea, em virtude de autopropulsão por meio de motor. § 2º O disposto no § 1º abrange qualquer estrutura dotada de autopropulsão, como os veículos terrestres, as embarcações e as aeronaves."

críticas contra determinado método também não passam da defesa de determinadas posições ou formas de conceber as normas jurídicas.

Propor o abandono dos chamados "métodos de interpretação" equivale a eliminar certos argumentos para, em seguida, substituí-los por outros. Em qualquer hipótese, não se foge da inevitável disputa pelo sentido e pelo poder.

REFERÊNCIAS

ALEXY, Robert. *Teoria dos Direitos Fundamentais*. 2ª ed. Trad. Virgílio Afonso da Silva. São Paulo: Malheiros, 2012.

AFTALION, Enrique; VILANOVA, José; RAFFO, Julio. *Introducción al Derecho*. 4ª ed. Buenos Aires: Abeledo-perot, 2004.

ALTAMIRANO, Alejandro C. El Derecho Constitucional a un ambiente sano, Derechos Humanos y su vinculación con el Derecho Tributario. *Revista Tributária e de Finanças Públicas*. São Paulo, ano 9, nº 40, p. 31-91, set./out. 2001.

AMARAL, Paulo Henrique do. *Direito Tributário Ambiental*. São Paulo: Revista dos Tribunais, 2007.

ANDRADE, Christiano José de. *O Problema dos Métodos da Interpretação Jurídica*. São Paulo: Revista dos Tribunais, 1992.

AMARO, Luciano. *Direito Tributário Brasileiro*. 11ª ed. São Paulo: Saraiva, 2005.

ÁVILA, Humberto. Estatuto do Contribuinte: conteúdo e alcance. *Revista Eletrônica de Direito Administrativo Econômico (REDAE)*, Salvador, Instituto Brasileiro de Direito Público, nº 12, novembro/dezembro/janeiro, 2008. Disponível na Internet: <http://www.direitodoestado.com.br/redae.asp>. Acesso em: 27.6.2015.

BALEEIRO, Aliomar. *Limitações constitucionais ao poder de tributar*. 7ª ed. Atual. por Misabel Abreu Machado Derzi Rio de Janeiro: Forense, 2005.

–. *Direito Tributário Brasileiro*. 9ª ed. Rio de Janeiro: Forense, 1977.

BARROSO, Luís Roberto; BARCELLOS, Ana Paulo de. O Começo da História: a nova interpretação constitucional e o papel dos princípios no direito brasileiro. IN: SILVA, Virgílio Afonso da (Org.). *Interpretação Constitucional*. São Paulo: Malheiros, 2005.

BECKER, Alfredo Augusto. *Teoria Geral do Direito Tributário*. 3ª Ed. São Paulo: Lejus, 2002.

BOBBIO, Noberto. *L'età dei diritti*. Torino: Einaudi, 1997.

BRASIL. Supremo Tribunal Federal. *Ação Direta de Inconstitucionalidade* nº 939. Relator Sydney Sanches. Julgamento em 15.12.1993.

–. *Medida Cautelar na Ação Direta de Inconstitucionalidade nº 2.178*. Relator Ministro Ilmar Galvão. Tribunal Pleno. DJ 12.5.2000.

–. *Recurso Extraordinário nº 255.111*. Relator: Min. Marco Aurélio. Redator para o Acórdão: Min. Sepúlveda Pertence. Julgamento: 29.5.2002. DJ 13.12.2002.

–. *Recurso Extraordinário nº 134509*. Relator: Min. Marco Aurélio. Redator para o Acórdão: Min. Sepúlveda Pertence. Julgamento: 29.5.2002. DJ 13.9.2002.

–. *Recurso Extraordinário nº 116.121*. Relator: Min. Octavio Galloti. Redator para o acórdão: Ministro Marco Aurélio. Tribunal Pleno. Julgamento 11.10.2000. DJ de 25.5.2001.

–. *Recurso Extraordinário nº 221.239*. Relatora Ministra Ellen Gracie. Segunda Turma. DJ 6.8.2004.

–. *Recurso Extraordinário nº 562.351*. Relator Ministro Ricardo Lewandowski. Primeira Turma. DJ de 14.12.2012.

–. *Recurso Extraordinário nº 626.706*. Relator Ministro Gilmar Mendes. DJ 24.9.2010.

–. *Recurso Extraordinário nº 390.840*. Relator: Ministro Marco Aurélio. Tribunal Pleno. DJ 15.8.2006.

–. *Recurso Extraordinário nº 416.601*. Relator Ministro Carlos Velloso. DJ 30.9.2005.

–. *Súmula Vinculante nº 31*. DJe 17.2.2010.

Carvalho, A. A. Contreiras de. *Doutrina e Aplicação do Direito Tributário*. Rio de Janeiro: Freitas Bastos, 1969.

Carvalho, Paulo de Barros. *Direito Tributário, Linguagem e Método*. São Paulo: Noeses, 2008.

–. *Direito Tributário*: fundamentos jurídicos da incidência. 3ª ed. São Paulo: Saraiva, 2004.

–. *Curso de Direito Tributário*. 16ª Ed.. São Paulo: Saraiva, 2004.

Catão, Marcos André Vinhas. *Regime Jurídico dos Incentivos Fiscais*. Rio de Janeiro: Renovar, 2004.

Côelho, Sacha Calmon Navarro. *Curso de Direito Tributário Brasileiro*. 8ª ed. Rio de Janeiro: Forense, 2005.

–. *Teoria geral do tributo, da interpretação e da exoneração tributária*. 3ª ed. São Paulo: Dialética, 2003.

Correia Neto, Celso de Barros. *O Avesso do Tributo*. São Paulo: Almedina, 2014.

Costa, Regina Helena. *Princípio da Capacidade Contributiva*. 3ª Ed. São Paulo: Malheiros, 2003.

Dimoulis, Dimitri. *Positivismo Jurídico*: introdução a uma teoria do direito e defesa do pragmatismo jurídico-político. São Paulo: Método, 2006.

Diniz, Maria Helena. *Compêndio de Introdução à Ciência do Direito*. 14ª ed. São Paulo: Saraiva, 2001.

–. *Dicionário Jurídico*. V. 2 (D-I). São Paulo: Saraiva, 1998.

Estevan, Juan Manuel Barquero. *La Función del Tributo em el Estado Social e Democrático de Derecho*. Madrid: Centro de Estudios Políticos y Constitucionales, 2002.

FALCÃO, Raimundo Bezerra. *Hermenêutica*. São Paulo: Malheiros, 2004.

FAVETTI, Rafael Thomaz. *Controle de Constitucionalidade e Política Fiscal*. Porto Alegre: Sergio António Fabris Editor, 2003, p. 136.

FERRAZ JR., Tércio Sampaio. *Introdução ao Estudo de Direito*: técnica, decisão, dominação. 3ª ed. São Paulo: Atlas, 2001.

FLUSSER, Vilém. *Língua e Realidade*. 3ª ed. São Paulo: Annablume, 2007.

FREITAS, Vladimir Passos de. *A Constituição Federal e a Efetividade das Normas Ambientais*. 2ª ed. São Paulo: Revista dos Tribunais, 2002.

FUCK, Luciano Felício. Tributação e cláusulas pétreas: ADI 939. IN: Beatriz Bastide Horbach; Luciano Felício Fuck. (Org.). *O Supremo por seus Assessores*. São Paulo: Almedina Brasil, 2014, p. 17-18.

GODOI, Marciano Seabra de. *Questões Atuais de Direito Tributário na Jurisprudência do STF*. São Paulo: Dialética, 2006.

GUASTINI, Ricardo. *Distinguiendo: estudios de teoría e metateoría del derecho*. Trad. Jordi Ferrer Beltran. Barcelona: Gedisa, 1999.

GUIBOURG, Ricardo A.; GHIGLIANO, Alejandro; GUARINOMI, Ricardo. *Introducción al Conocimiento Científico*. Buenos Aires: Eudeba, 1994.

GRAU, Eros R. A Interpretação do Direito e a Interpretação do Direito Tributário. IN: CANTO, Gilberto de Ulhôa. *Estudos de Direito Tributário em Homenagem à Memória de Gilberto de Ulhôa Canto*. Rio de Janeiro: Forense, 1998.

–. *Ensaio e Discurso sobre a Interpretação/Aplicação do Direito*. São Paulo: Malheiros, 2003.

HOLMES, Stephen; SUNSTEIN, Cass. *The Cost of Rights*: why liberty depends on taxes. New York: Norton &Co., 1999.

IVO, Gabriel. *Norma Jurídica*: produção e controle. São Paulo: Noeses, 2006.

–. O Princípio da Tipologia Tributária e o Dever Fundamental de Pagar Tributos. IN: ALENCAR, Rosmar A. R. C. de. (Coord.). Direitos Fundamentais na Constituição de 1988: estudos comemorativos aos seus vinte anos. Porto alegre: Nuria Fabris, 2008.

JENKINS, Glenn; LAMECH, Ranjit. *Green Taxes and Incentive Policies*: an International Perspective. San Francisco: ICS, 1994.

KELSEN, Hans. *Teoria Pura do Direito*. 6ª ed. Trad. João Baptista Machado. São Paulo: Martins Fontes, 2003.

LEHNER, Moris. Consideração Econômica e Tributação conforme a Capacidade Contributiva: sobre a possibilidade de uma interpretação de normas com finalidades arrecadatórias. Trad. Luis Eduardo Schoueri. IN: SCHOUERI, Luís Eduardo; ZILVETI, Fernando Aurélio. *Direito Tributário*: estudos em homenagem a Brandão Machado. São Paulo: Dialética, 1998.

LIMA NETO, Manoel Cavalcante de. *Direitos Fundamentais dos Contribuintes*: limitações ao poder de tributar. Recife: Nossa Livraria, 2005.

LEONETTI, Carlos Araújo. O IPTU progressivo no tempo e os princípios da função social da propriedade e da preservação do meio ambiente. *Revista Jurídica da Universidade do Sul de Santa Catarina.* Unisul de Fato e de Direito, v. 1, p. 9-22, 2011.

LUNARDELLI, Pedro Guilherme Accorsi. *Isenções Tributárias.* São Paulo: Dialética, 1999.

MACHADO, Hugo de Brito. *Curso de Direito Tributário.* 30ª ed. São Paulo: Malheiros, 2009.

–. *Direitos Fundamentais dos Contribuintes e a Efetividade da Jurisdição.* São Paulo: Atlas, 2009.

MARTINS, Guilherme Waldemar d'Oliveira. *A despesa fiscal e o orçamento do Estado no ordenamento jurídico português.* Coimbra: Almedina, 2004.

–. *Os benefícios fiscais*: sistema e regime. Coimbra: Almedina, 2006.

MAXIMILIANO, Carlos. *Hermenêutica e Aplicação do Direito.* 3ª ed. Rio de Janeiro: Freitas Bastos, 1941.

MENDES, Gilmar F.; BRANCO, Paulo Gustavo G. *Curso de Direito Constitucional.* 10ª ed. São Paulo: Saraiva, 2015.

MILARÉ, Edis. *Direito do Ambiente*: doutrina, jurisprudência e glossário. 4ª ed.. São Paulo: Revista dos Tribunais, 2005.

MURPHY, Liam; NAGEL, Thomas. *O mito da propriedade privada*: os impostos e a justiça. Trad. Marcelo Brandão Cipolla, São Paulo, Martins Fontes, 2005.

NABAIS, José Casalta. *O Dever Fundamental de Pagar Impostos.* Coimbra: Almedina, 1998.

–. *Direito Fiscal.* Coimbra: Livraria Almedina, 1998.

NASCIMENTO, Carlos Valder do. Comentários à Lei de Responsabilidade Fiscal. (Arts. 1o a 17). IN: ______.; SILVA, Ives Gandra Martins da. *Comentários à Lei de Responsabilidade Fiscal.* São Paulo: Saraiva, 2001.

NEVES, Marcelo. *A Constitucionalização Simbólica.* São Paulo: WMFMartins Fontes, 2007.

NOGUEIRA, Ruy Barbosa. *Da Interpretação e da Aplicação das Leis Tributárias.* 2ª ed. São Paulo: Revista dos Tribunais, 1965.

–. *Direito Financeiro*: Curso de Direito Tributário. 3ª ed. São Paulo: José Bushatsky Editor, 1971.

–. Imposto sobre Produtos Industrializados: as inconstitucionalidades das disposições que criaram três alíquotas em relação ao mesmo fato gerador. IN: SCHOUERI, Luís Eduardo; ZILVETI, Fernando Aurélio. *Direito Tributário*: estudos em homenagem a Brandão Machado. São Paulo: Dialética, 1998. p. 266-274.

NUSDEO, Fábio. *Curso de Economia*: introdução ao Direito Econômico. 4ª ed, São Paulo: Revista dos Tribunais, 2005.

ORLANDI, Eni P. *Discurso e Texto*: formulação e circulação dos sentidos. 3. ed., Campinas: Pontes Editores, 2008.

PAIVA, Paulo Alves da Silva. *Tributação e Meio Ambiente*: a tributação como instrumento de proteção ambiental. Porto Alegre: Sergio Fabris Editor, 2013.

PALMEIRA, Marcos Rogério. *Direito Tributário **versus** mercado*: o liberalismo na reforma do estado brasileiro nos anos 90. Renovar: Rio de Janeiro, 2002.

PISCITELLI, Tathiane dos Santos. *Os Limites à Interpretação das Normas Tributárias*. São Paulo: Quartier Latin, 2007.

PÊCHEUX, Michel. *Semântica e Discurso*: uma crítica à afirmação do óbvio. Trad. Eni P. Orlandi et al., Campinas: Unicamp, 1988.

PEREZ LUÑO, Antonio E. *Los Derechos Fundamentales*. Madrid: Tecnos, 2007.

QUIROGA, Roberto. *Tributação e Política Fiscal*. IN: Segurança Jurídica na Tributação e Estado de Direito, São Paulo: Noeses, 2005.

REALE, Miguel. *Filosofia do Direito*. 20ª ed. São Paulo: Saraiva, 2002.

RIBEIRO, Ricardo Lodi. As Cláusulas Pétreas Tributárias. *Revista de Direito do Estado*, v. 21, p. 625-647, 2011.

ROJAS, Andrés Serra. *Derecho Económico*. 3ª ed. México: Porruá, 1993.

ROTHMANN, Gerd Willi; PACIELLO, Gaetano. Elisão e Evasão Fiscal. *Cadernos Pesquisas Tributárias*, vol. 13. São Paulo: Resenha Tributária, 1988.

–. O Princípio da Legalidade Tributária. IN: NOGUEIRA, Ruy Barbosa. *Direito Tributário Aplicado*: estudo de casos e problemas. Vol. 5, São Paulo: José Bushatsky, 1973.

SANTI, Eurico Marco Diniz de. *Lançamento Tributário*. 2ª ed. São Paulo: Max Limonad, 2001.

SARLET, Ingo Wolfgang. *A Eficácia dos Direitos Fundamentais*. 12ª ed. Porto Alegre: Livraria do Advogado, 2015.

SCAFF, Fernando F. A Desvinculação de Receitas da União (DRU) e a Supremacia da Constituição. IN: SCAFF, Fernando; MAUÉS, Antonio G. Moreira. *Justiça Constituição e Tributação*. São Paulo: Dialética, 2005.

SCHÄFER, Jairo. *Classificação dos Direitos Fundamentais*: do sistema geracional ao sistema unitário: uma proposta de compreensão. 2ª ed. Porto Alegre: Livraria do Advogado, 2013.

SCHOUERI, Luís Eduardo. *Normas Tributárias Indutoras e Intervenção Econômica*. Rio de Janeiro: Forense, 2005.

–. Segurança na Ordem Tributária Nacional e Internacional: Tributação do Comércio Exterior. IN: BARRETO, Aires et alii. *Segurança Jurídica na Tributação e Estado de Direito*. São Paulo: Noeses, 2005, p. 375-406.

–. Normas Tributárias Indutoras em matéria ambiental. IN: TÔRRES, Heleno Taveira (Org.). Direito Tributário Ambiental. São Paulo: Malheiros, 2005, p. 235-256.

SHOME, Parthasarathi. *A 21sr Century Global Carbon Tax. Bulletin for International Fiscal Documentation*, nov./dec., 1996.

SILVA, José Afonso da. *Direito Ambiental Constitucional.* 4ª ed., São Paulo: Malheiros, 2003.

SILVA, Virgílio Afonso da. Interpretação Constitucional e Sincretismo Metodológico. IN: SILVA, Virgílio Afonso da (Org.). *Interpretação Constitucional.* São Paulo: Malheiros, 2005.

STRECK, Lenio Luiz. *Hermenêutica Jurídica e(m) Crise*: uma exploração hermenêutica da construção do direito. 5ª ed. Porto Alegre: Livraria do Advogado, 2004.

TERÁN, Juan Manuel. *Filosofía del Derecho.* 14ª ed. México: Porrúa, 1998.

TRENNEPOHL, Terence Dornelles. *Incentivos Fiscais no Direito Ambiental.* São Paulo: Saraiva, 2008.

TORRES, Ricardo Lobo. *Normas de Interpretação e Integração do Direito Tributário.* 2ª ed. Rio de Janeiro: Forense, 1994.

–. *Curso de Direito Financeiro e Tributário.* 9ª ed. Rio de Janeiro: Renovar, 2002.

–. *Curso de Direito Financeiro e Tributário.* 17ª ed. Rio de Janeiro: Renovar, 2010.

–. *A Idéia de Liberdade no Estado Patrimonial e no Estado Fiscal.* Rio de Janeiro: Renovar, 1991.

TÔRRES, Heleno Taveira. Incentivos Fiscais na Constituição e o "crédito-prémio de IPI", Revista Fórum de Direito Tributário – RFDT, ano 3, nº 14, p. 23-50, mar./abr., 2005.

TUPIASSU, Lise Vieira da Costa. *Tributação Ambiental*: a utilização de instrumentos econômicos e fiscais na implementação do direito ao meio ambiente sustentável. Rio de Janeiro: Renovar, 2006.

VALADÃO, Marcos Aurélio Pereira. Direitos humanos e tributação uma concepção integradora. *Direito em Ação.* Brasília, v. 2, nº 1, p. 222, setembro 2001.

–. *Limitações Constitucionais ao Poder de Tributar e Tratados Internacionais.* Belo Horizonte: Del Rey, 2000.

VILANOVA, Lourival. *Causalidade e Relação no Direito.* 2ª ed. São Paulo: Saraiva, 1989.

WARAT, Luiz Alberto. *Introdução Geral ao Estudo do Direito I. Interpretação da lei*: temas para uma reformulação. Porto Alegre: Sergio Antonio Fabris, 1994.

ÍNDICE